最速で「ダントツ」に変わる7日間レッスン

HELL WEEK

エリック・ベルトランド・ラーセン＝著
鹿田昌美＝訳

飛鳥新社

もくじ

パート1

ダントツになる準備

パート2

実践！　七日間特別レッスン

パート3

新しい人生

序章　人生の糸に結び目を作る

Making A Peak

「若い魚が二匹、並んで泳いでいた。年老いた魚が前からやってきて、すれ違いざまに二匹に目配せをしてこう言った。『おはよう、若いの。水の具合はどうだい?』若い魚たちはそのまま泳いでいたが、やがて一匹がもう一匹のほうを見やってこうたずねた。『みず』、ってなんのことだ?』」

（作家・デヴィッド・フォスター・ウォレス――二〇〇五年、オハイオ州ケニオン大学での卒業生へ向けたスピーチで）

「一日が終わり、また始まる。その繰り返しを『人生』だと意識することは、ほとんどなかった」

（俳優・スティグ・ヨハンソン）

この二つの引用は、同じテーマを語っている。「人生」は誰のどんな日にもどんな場所にもついて回るからこそ、存在がほとんど意識されないのだ。

人生を長い一本の糸だと考えてみよう。あなたは生まれ、人生を生きて、長い時を経て、いつか死ぬ。比較的なんでも手に入る国に住んでいるので、生きるか死ぬかの瀬際で生活をしている人が大勢いることに思いをはせる時間は少ない。

しかし、年齢を重ねるうちに、毎日が同じ繰り返しに思えてくる。何週間先も同じ。何年先も。過去の出来事について、何がいつのことだったか、もはや区別がつかない。

必要なものはすべて持っている。平穏無事だ。

「ほどほど」にやれている。

浮き沈みはあるけれど、なんとなく日々が続いている。

でも、何かが足りない。そんな気もする。

ここでもう一度、人生を一本の糸だと考えてみよう。**ただのまっすぐな線に大きな「結び目」を作ってみる。**結び目は「特別な一週間」だ。

この一週間のあいだは、日々のルーチンワークや生活の基礎になる習慣や思考から抜け出してみる。ちょっと無理をして、いくつかの困難にチャレンジする。平凡な日々をいったん断ち切り、**特別な一週間を自分の人生の歴史に刻むのだ。**

振り返って誇らしく思え、何かを学び、後々の参考にできる一週間。なんとなく過ごす日常以上のものを与えてくれる一週間だ。

私はこれまで、様々な企業や団体で働く機会があった。

通信事業と金融関連の会社に勤め、ヘッドハンティングの仕事もした。スポーツ選手のメンタルトレーナーになってからは、ノルウェー国内外の一五のナショナルチームの選手を、レスリング、ゴルフ、セイリング、クロスカントリースキー、テコンドーといったバラエティに富んだ種目で指導する機会に恵まれた。アメリカ海軍特殊部隊、英陸軍特殊空挺部隊（ＳＡＳ）、ノルウェー特殊部隊の仕事の経験もある。
ノルウェー国内での仕事が主だが、ここ数年は海外の仕事が増え、メンタルトレーナーとしての専門知識を紹介すべく、世界各地に出張している。毎週、様々な業種や年齢の会社役員やスペシャリストに話をしている。

仕事柄、著名人や成功した人々と関わることが多く、私はそこから多くを学び、経験を積ませてもらった。彼らはプロフェッショナルな仕事に携わるプライドと独特のオーラを持ち、仕事のみならず、自分自身や同僚や上司へのアプローチが見事であり、安定感と自信と卓越した人格を持った人々だ。

一方で、これまで私が見知ったなかで他とは一線を画す職場環境といえば、国内外の特殊部隊である。この環境での個人と組織の両方において、極めて特徴的なことをひとつ挙げるなら、**「メンタルトレーニング」への意識が非常に高い**ことである。

彼らはその一環として「ヘル・ウィーク（地獄の一週間）」と呼ばれる訓練を行う。英陸軍特殊空挺部隊の熟練した幹部たちと、ビール片手にくだけた雰囲気で話をしたとき、まさにこのヘル・ウィークがらみの逸話や体験談が多いことに驚かされた。そこには単なる肉体的な挑戦以上のものがある。訓練を終えて何年も経っているのに、多くの軍人がその経験を鮮やかに記憶していて、ユーモア、喜び、笑いをまじえて語るのだ。

ヘル・ウィークは、体力の限界に挑戦するだけではなく、**もっと深い何かを学び引き出せる**体験なのだ。

私は本書で、軍隊の「ヘル・ウィーク」を一般の人向けにアレンジしたものを紹介したいと思う。職種や仕事の有無に関係なく、誰でも参加できる「ヘル・ウィーク」。**普段どおりのことを、「はるかに一生懸命に行う」一週間だ。**

月曜日の午前五時の起床と同時に開始し、日曜日の午後一〇時の就寝で終了する。その間にあなたは、「それまでの自分」を「意識の高い進化した自分」に変換する。

わずか一週間で、可能な限り最高のバージョンの自分になる。ただし、魔法を使うわけではない。あなたが努力するのだ。この一週間を、なるべく早く体験することをぜひお勧めする。ここで見て、学んで、感動する瞬間を作り出したことは、後に思い出して様々な用途に活用できるだろう。やってよかった、と思えるはずだ。

本書は、私の一冊目の著書である『ダントツになりたいなら、「たったひとつの確実な技術」を教えよう』(以下『ダントツ』)がベースになっている。一冊目を読んでくれた読者には、本書のなかの表現や考え方の多くに見覚えがあるはずだが、未読の方のために、なるべく詳しい説明を心掛けた。

最も異なるのは本書が『ダントツ』に比べて、**さらに実践的な内容になっている**ことだ。

本書に説明されているテクニック、ツール、観点、意識の高め方は、前作同様、非常にシンプルだ。

シンプルすぎるために、わざわざ利用しようと思わない、という人が大勢いる。こんなにシンプルなのに本当に効果があるのか、こんな簡単なことで、複雑で絶望的な問題が解決できるのか、と疑ってしまうのだ。

これまでの経験から言うと、私のメソッドに最も懐疑的なのは、四〇代前半の高学歴のエリートビジネスマンだ。

気持ちはわかる。私自身がそういうタイプの人間だったからだ。生まれ育ちも保守的で、職場もそういった態度を助長する環境だった。しかし、生来の性格や興味や偶然の出会いや出来事を通じて、ゆっくりと確実に、シンプルなテクニックが持つ巨大な力を理解するようになった。それらを信じ、心から賛同して活用することで初めて、結果が出るというものだ。

一日は終わる。一週間は過ぎる。新しい年が、またぐってくる。幸運なら膨大な数の一週間を重ねることができる。あなたがこれまで生きてきた長い時間のうち、思い出せる週は何週間あるだろう？　もっとも勉強になった週は？　何かを得た週は？　大切な週は？　目標に近づいた週は？　夢に近づいた週は？

本書は、私が処方した「治療薬」だ。自分らしい人生を歩むコツを、ここから学んでもらえれば幸いだ。本書が「自分の真の実力は？」という問いの答えを導く助けになることだろう。

八〇歳まで生きるとすれば、合計で四一六〇週間を生きることになる。

そのうちの一週間を、人生で最高に学べる七日間にしてみないか？　最も思い出に残る一週間に。

ヘル・ウィークの七日間

ヘル・ウィークは、通常の一週間に組み込む形で行ってほしい。

普段どおり出勤し、家事や家族の用事に参加する。普段と違うのは、すべての日常タスクを「全力で」行いながら、ヘル・ウィークの課題にも取り組んでもらうことだ。たやすいことではないが、気分が上がり得られるものが多いことを、私が保証する。

◎月曜日：習慣

この日は、あなたの「役に立つ習慣」と「邪魔な習慣」を探り当てることに費やす。「癖というものは、最初はクモの糸のようだが、しまいには鉄線になる」ということわざをご存じだろうか。よい習慣を今日からスタートさせ、この先何年も持続させてほしい。習慣を決めるのはあなた自身。習慣に振り回されてはいけない。

◎火曜日：モードとフォーカス

一日の間に意識的に気分や態度を切り替え、状況にふさわしい「正しいモード」を作ろう。ヘル・ウィークの火曜日は、自分の心の状態に鋭く意識を向けてもらう。自分のモードをコントロールし、イベントや交流の種類に応じて正しくエネルギーを発するコツを学ぶ一日だ。

◎水曜日：時間管理

ライフスタイルの変化にともない、時間管理は難しくなる一方だ。水曜日には、プランニングと準備を徹底づけることで、時間泥棒の罠《わな》に対抗する術《すべ》を学ぶ。明確な目標を立て、ToDoリストを活用し、自分の時間を一日、一週間、一月、一年の単位に分けてタスクを処理しよう。

◎木曜日：コンフォートゾーンを出る

楽で簡単にできるなら「ヘル・ウィーク」と呼べない。木曜日は一週間で最もタフな一日だ。従来の居心地のいい場所（コンフォートゾーン）から抜け出して、新しい限界を見つけよう。四一時間を寝ずに過ごす。SNSを完全に遮断する。一つ以上の恐怖の対象に対峙《たいじ》する。キツい一日になるが、後悔はしないはずだ。

◎金曜日：休息と回復

最も厳しい一日を終えた翌日は、ひたすら回復を追求する休息日だ。休息は贅沢《ぜいたく》ではなく、人間が最高レベルの実力を発揮するために絶対に必要な時間だと理解しよう。普段から、心と体の充電が必要なほどまでに力を出し切っていない人がほとんどだろう。今日は、回復のコツに意識を向ける。

◎土曜日：心のつぶやき

人は思考によって作られる。思考パターンを変えれば、劇的に人生が変わるのだ。終盤の土曜日は、思考を前向きに操作することに焦点を当てる。誰でも、自分の最悪の敵にも最高の味方にもなれる。心のつぶやきを味方につけるテクニックを学ぼう。

◎日曜日：人生を俯瞰で見る

最終日は、これまでの達成具合を振り返る。体験を整理して、人生の全体像を見つめてみよう。この一週間、あなたは自分自身に大きな投資をした。この日曜日は、もたらされた利益を確認する日だ。

これならできる、と思わないだろうか？　ヘル・ウィークが厳しい課題の連続であることは確かだ。しかし、私自身が何百人ものクライアントを導いてきた経験から言わせてもらうと、やる気と意志力を持って段階を踏んでいけば、自分史上最高の自己像に近づくことは、恐れているほど難しくない。小さな行動の積み重ねが大きな結果を生む。

たとえば――

- 健康的な食事、毎日のエクササイズ、効果的な休息
- 周囲の人の話に耳を傾け、集中して仕事をし、早寝早起きをする
- 引き受けたことはすべて完璧に行い、無駄は省き、優先順位を適切にする
- 人に与える
- ポジティブで幸福感にあふれる人間になる
- エネルギーが強く、積極的で、行動力がある

一週間連続で、そんな「最高バージョンの自分」として生きる。その一週間が全人生を変えるのだ。

本書の効果的な使い方

Maximize The Power Of This Book

本書の内容は、私からクライアントへの指導内容に準じている。準備段階→ヘル・ウィークの毎日のガイドライン→ヘル・ウィーク後のフォローという、**これまで指導してきた何百人ものビジネスリーダーやトップアスリートを始めとする成功者と同じプロセスを、あなたは体験することになる。**

本書は三つのパートから構成されている。

パート1「ダントツになる準備」では、親しい知人からのフィードバックの収集、食事や運動の習慣の見直しといった、事前に計画しておくことや下準備について説明する。

パート2「実践！　七日間特別レッスン」では、ヘル・ウィークの七日間を「ベルトランド・メソッド」に沿って実行する。

パート3「新しい人生」では、ヘル・ウィークで学んだことをその後の人生に適用する方法を伝授する。

私が直接指導したクライアントで、同じプロセスをたどる人はいない。楽々とプログラムをこなして、年に数回ヘル・ウィークが実践できるまでになる人もいれば、抵抗する期間を経てようやく納得する人もいる。また、わずかだが、ヘル・ウィークは自分に合わないと言い切るクライアントもいる。

できればあなたには、スタートからゴールまでを全力で実践してもらいたい。最高の効果が望めるからだ。ただし正解は一つではない。ヘル・ウィークへのアプローチの仕方も、本書の読み方も、人によって様々で構わないことを付け加えておく。

まずは終わりまで読んでから実践したい、という方のために、本書は、休みの日や出張の移動中に読破できるほどの長さにまとめてある。

もうひとつの使い方として、パート1を読みながら準備をし、パート2を読みながらヘル・ウィークを実践し、パート3を読みながらフォローアップをする、という方法もある。あなたの現状に沿ったセクションに集中できるので、こちらもまたよいアプローチだと思う。

強調しておきたい大切なポイントは、ヘル・ウィークの具体的な内容は人によって様々だということだ。運動や食事よりも時間管理や逆境への対処に意識を向けたい人もいれば、その逆の場合もあるだろう。

この本は、あなたにとって最良のやり方で活用してほしい。

私からの願いは、あなたの「一〇〇パーセント」を注いでほしいということだけ。「全力で取り組む」ことが、ヘル・ウィークの極意である。

PART 1

ダントツになる準備

PREPARE TO BE GREAT

準備を怠ることは、失敗の準備をすることだ。

ベンジャミン・フランクリン

1

特別な七日間が人生を「別物」にする

The Very Special Week

私は、「ヘル・ウィーク」の訓練を体験したノルウェー国内の多くの人間のひとりだ。一八歳でノルウェー士官学校時代のことだった。

軍隊では、並みはずれてタフな男たちと一緒に過ごしていた。訓練では、自分より有能で、忍耐強く、屈強で、頭脳明晰《めいせき》な男たちがごまんといた。そんななか、完遂したことに多大なプライドを感じているのは、私自身が自分のスタート地点を認識しているからだ。

私はもともとひ弱で内気な少年で、強い軍人や士官にはどう考えても不向きだった。このギャップの大きさこそが、私が多くのことを学べるチャンスでもあった。

だからこそ、この学びが大きな意味を持ち、多くの人にシェアしたいと思えた。この経験のおかげで自信がつき、落ち着きが出て、成長できたことに、非常に満足しているからだ。

その名のとおり地獄のような一週間だった。

特別にハードな訓練を一週間ぶっ続けでこなし、その成果を基に、将校の訓練生の候補としての適性が判断されるのだ。

試されるのは、意志力、勇気、忍耐力、強さ、人格。ストレスのかかる状況下で冷静に考える能力。疲労と倦怠《けんたい》感と空腹と睡眠不足のなか、進み続ける能力。戦闘のさなかに仲間を率いる度量と、厳しい状況下の自己管理能力だ。

◎「制限」に挑戦することで生まれる効果とは

その期間中、立て続けに自分の「快適な居場所（コンフォートゾーン）」の外に出る体験をする。極めて厳しいタスクに挑戦することになる。それは非常に不愉快で長い時間だ。

最初は空腹に苦しむことになる。しかし一日か二日で身体が順応する。胃が小さくなり、四八時間後には飢えを感じなくなる。何よりつらいのが寒さと睡眠不足だ。細切れに眠っては場所を変えるので、いろんな出来事の記憶が混じってしまう。食事の不足よりも睡眠不足のほうがはるかに恐ろしい。

睡眠が不足すると、身体が完全には回復しない。疲れが取れないので、常に疲弊《ひへい》するばかりで、筋肉は固まり、切り傷やすり傷ができ、気力も体力も下降線だ。そのような状況下で物事を処理することこそが、貴重な経験なのだ。

人間の身体は驚異的な有機体だ。脳はわずかでも睡眠を獲得しようと奮闘する。直立したまま、ほんの二、三秒でも眠り、これで劇的に疲れが取れる。疲れ果てて立ったまま眠るのは強烈な体験だった。

私たちは一週間、森の中にいた。これだけ野外に長くいると、身体が変化する。手は切り傷やひっかき傷だらけになり、打ち身であちこちにあざができた。皮膚も変わる。たき火のすすや汗やカモフラージュ用のペイントにまみれ、脂っぽくなり、皮が一枚増えた感覚だ。息が溶剤くさくなったのは、食事が足りないからなのか、よくわからない。とにかく、森の中の生活は、人を別人に変えた。

野外だけで過ごすうえに、睡眠不足で食料不足、おまけに極限に近い物理的なプレッシャーがかかる。心構えを作る時間がないまま、未経験の環境に身を投じる。六日間で六キロ体重が落ちただろうか。いざこざもあり、ストレスがかかり、重いバッグを抱えて走ったり歩いたり、腹這《はらば》いになって直進・ジグザグ、突撃の訓練をしたり。

制服がゆるくなったことに気づき、目に見えて痩《や》せたことに気づく。食料と睡眠不足で弱っていることに気づく。しかし、それでも確信があった。生き抜くことができる、頑張れば続けられる、と。

すべての作業を終えると、私たちは行進を再開し、ついに駐屯地《ちゅうとんち》にたどり着いた。担当の将校が近づいてきて、ヘル・ウィークが終わったことを告げた。

数日後、私は校長室に呼ばれた。校長が私を迎え、かすかにほほえむと、書類に目を落とした。

「ラーセン。君のトレーニング期間は成功だと考えている。最初の数週間は目立ったところがなかった。実際、ヘル・ウィークの評価の時点で、君を知らない教官が数人いた。しかしヘル・ウィークの間に、君は日陰から日の当たるところへと現れた。偵察隊養成コースに進んでもらいたいと思っている」

一七〇〇人が志願したうち、たった三人の名誉だった。

今でもあのときの感覚を追体験している。極上の悦《よろこ》び。戦い抜いただけの価値はあった！　それは、新しいことが始まる前触れでもあった。

この本が、あなたにとってそんな「体験」になってほしいと願っている。

軍隊でのヘル・ウィークは、私の若き日の人生に確実な「結び目」を作った。ひとつのクライマックスだ。達成感。周囲の評価。ここまで日常生活を極端に逸脱したのは初めてだった。**その経験は、私をタフにしたのみならず、自信と安定感を強化してくれた。まさかできるとは思っていなかったことをやってのけた肯定感。**一週間で数えきれないほどのことを学んだ。

私が学んだことのエッセンスを、この本を読むことで受け取ってもらえたらと願う。

2 逆境があなたを強くする

How To Be Stronger

私は、人生という旅を山歩きのように考えることがある。登りもあれば下りもある。楽しく歩ける道もある。天気がよくカラッとしていて快適で、人生の楽しさを享受《きょうじゅ》できる楽な道もある。険《けわ》しい山道、足元を取られる沼地、急な上り坂、日陰、寒さなど、人生に困難を与えるエリアもある。あなたが単調な平地歩きを選ぶなら、それもまた楽しいだろう。

しかし、「平穏無事が一番。人生に手ごたえのある道は求めない」と思っているのは、仕事だけで精一杯、前に進むだけでひと苦労だからかもしれない。たとえスタート時点では安全安心を求め、平坦なルートに心惹《ひ》かれていたとしても、いつか「最高点」に到達したいと本気で思うかもしれない。

だったら、**険しい上り坂に挑戦しなければ、実現はかなわない。**冒険の途中に高山から眼下の風景を見下せるなら、山を登り苦しみもがいた道のりも、意義深いものになる。

自分の「居心地のいい場所（コンフォートゾーン）」から出て、深い谷を通り抜け、足を濡《ぬ》らしてマメをつくる。次の頂《いただき》にいつ到達できるかわからなくても、これらはすべて、人生を豊かにするエッセンスとなる。自己卑下《ひげ》や予期できない不安など、様々な感情を体験してこそ、ふたたび頂上に到達したときに、予想以上に素晴らしい気持ちになれるのだ。

成功に続く道は、上り坂と巨大なクレバスだらけ。

逆境は、価値のあるゴールにつながる旅の一部なのだ。

◎新しいスタンダードを設定する

私がベルゲンにあるビジネススクールに在籍していた頃、学生の多くはカリキュラムが厳しすぎると不満を言っていた。リーディング課題や宿題があまりにも多いというのだ。大学の講義だけでも大変なのに、放課後に図書館で勉強するのはひと苦労、プレッシャーが多すぎる、と。

二〇〇六年にビジネススクールに入学する少し前に、私は軍隊でヘル・ウィークを経験していた。大多数の同級生とは違う世界に生きていた私は、講義への出席や図書館での勉強が楽しくてしかたがなかった。

静かで平和で、温かく快適で、好きな時に食べ物と飲み物が手に入る環境だ。喜びが大きすぎるあまり、学習する重圧にまで気がまわらなかった。

私の場合、学生生活と比較する対象は、ノルウェー北部の偵察隊やトランデム空挺部隊だ。濡れていない服を着て歩けることや、好きなときに食事ができること、次に何が起きるかの予測がつくこと、一晩中睡眠が取れて極寒ではないことは、私にとってはありがたかった。**ヘル・ウィークのおかげで、たいていの学生よりも厳しい勉強に耐える能力が備わり、新しいスタンダードが設定されたのだ。**

あなたもそうした体験をすれば、「なるほど」と合点がゆく瞬間が何度もやってくるだろう。従来のコンフォートゾーンに留まろうとする自分から、**価値のある新しいスタンダードを求める新しい自分**へと切り替わるのが実感できるはずだ。

ヘル・ウィークを完遂すると、あらゆることがたやすく感じられる。

◎「はずみ」をつくる

ヘル・ウィークには他の効果もある。**何らかの変化を起こしたいときに「はずみ」を作りやすくなる**のだ。はずみ、つまり「推進力」は、たとえば走り幅跳《はばと》びをするとき、足が踏み板を離れる瞬間に生まれる物理的な力である。

人生を変えようとするときの精神力もそうだ。軍隊におけるヘル・ウィークは、はずみを作るための優れたメソッドだと言える。兵士は自分の本質と嫌でも向き合うことになり、その経験のなかで、潜在能力を引き出す力が生まれる。

一度難しいことをやり遂げれば、あらゆることが達成しやすくなる。**ヘル・ウィーク中に、日常生活を最大限の力で送ることで「はずみ」を作る**のだ。するとパフォーマンスのレベルが格段に上がる。いったんはずみを作っておくと、ヘル・ウィークの一週間が終わり、記憶のかなたに消えた後も、この一週間で起きた変化の多くが長続きする。一生持続することもある。

◎自分の限界が引き上げられるとき

私の場合、ヘル・ウィーク期間に感じた最大の試練は、精神力・感情面での困難だった。軍隊での仲間の多くもそう証言している。

本書のヘル・ウィークは、あなたが一流スポーツ選手でない限り、軍隊バージョンと比べると、肉体面でさほど困難は感じないはずだ。

普段通りのことを行う一週間を過ごすだけだからだ。

ただし、**あらゆることを最大限に上等に、注意深く、気合を入れて、今までとは違うエリアに意識を向けて**行ってもらう。「スイッチオン」の状態で普段より強い意識で集中して過ごすため、頭脳が疲労するはずだ。

精神面に重きを置いているからといって、肉体的な挑戦がないわけではない。毎日エクササイズをするし、疲労して筋肉がこわばる。食事はヘルシーなもの限定なので、食べたいものを我慢することも必要だ。また、普段とは異なった睡眠のとり方も経験する。

強い決意と自制力が必要だ。ただし恐れることはない。普段の生活をがらりと一変させるわけではないからだ。

簡単かといえばそうでもない。

個人的には、肩に丸太を抱えて森を走るよりも精神的にハードだと思っている。私は講師として、濡れた寝袋で凍えながら眠る四日目の夜と同じぐらいの負荷をかけて、コンフォートゾーンから大きくはみ出すことを意識している。勇気を奮い起こして仕事で関係を持ちたい人に連絡をするときや、ミスに気付いてクライアントに謝罪の電話をかけ、状況の埋め合わせを申し出るときも、コンフォートゾーンから大きく出るときだ。

得意不得意には個人差がある。誰かにとって自分の殻を破らなくてはできないことが、他の人にとっては朝飯前だったりする。だからこそ自分に正直になり、**自分の限界を引き上げるべきエリアで挑戦をする**ことが大切になるのだ。

ヘル・ウィーク中は何度も不愉快な気分になるだろう。だがそれが狙いだ。**コンフォートゾーンの外に出たときに、人は最速で学習し成長するからだ。**

3 行動せよ！

Action!

変化は難しい。**変化を避けようとするのが、人間の本質だ。**「変化」という言葉から困難で厳しいものを連想して、本能的に遠ざけようとしてしまう。

成功を手に入れた人に共通するのは、「率先力」、つまり行動を起こし物事をやり遂げる力だ。ヘル・ウィークはそんな一週間でありたい。ひたすら行動するのだ。

激怒したクライアントに込み入った電話をかける。先延ばしにしていた健康問題に着手する。しばらく延期していたプロジェクトを開始する。高齢者施設にいる痴呆症《ちほうしょう》の大おばを見舞う。ちょっとした問題を抱えている同僚と腹を割った話をする。雑用を片付けてほこりを払う。

先に想像していたよりも低いコストで快い経験が味わえるはずだ。

「延期」という言葉は、ヘル・ウィークの期間に使ってはならない。先送りとはつまり行動しないこと。期間中のあなたは、精力的な人間になる——これがすべての基盤だ。加えて、運動、ダイエット、メンタルトレーニングと、精神的・思想的な見直しを行う。

延期すると、何も起こらないだけではなく、エネルギーが吸い取られる。**行動の欠如はストレスを生む。**その状態を避けるのもこの一週間の課題である。

ある姉弟の話だ。両親に夏休みのアルバイトを探すようにと言われると、姉は履歴書や応募フォームを書き始めた。何度も推敲《すいこう》して磨き上げても満足しなかった。一方の弟は、さっそく電話をかけ始めた。履歴書は求められたら送ればいいと思っていた。二日後、姉はまだ応募フォームをいじくっていたが、弟はすでに仕事を手に入れていた。

準備は重要だが、着手しない言い訳に使われることもしばしばだ。弁解するのは簡単だが、ヘル・ウィーク中は不満を言うのも延期をするのも禁止だ。言い訳は弱虫が使うものだ。あなたは弱虫ではない。

◎どんなときも準備より行動が優先

「明日に延期していいのは、やり残して死んでもいいことだけだ」

パブロ・ピカソ

業績を上げて有名になった人の多くは「行動する人」「行動力のある人」だ。リチャード・ブランソンやマハトマ・ガンジーは、ひたすら行動した。ヴァージングループの創設者であるリチャード・ブランソンの著書『やればできる——人生のレッスン』には、まさに行動の大切さについて書かれている。行動することが、すさまじい「推進力」を生み出す。はずみがつき、エネルギーが増え、さらに推進力が増して、行動力がつく。

ほとんどの人は、考え込んで引き延ばす傾向にあるが、ときには**ネガティブな思考をかなぐり捨てて「とにかくやってみる」**ことが重要だ。ミスもするだろうし、先走りすぎたと反省することもあるだろう。それでも、自己批判を繰り返してしょっちゅう延期をしている人よりも、ひたすら行動に移す人のほうが、多くの仕事をやり遂げている。

ミスを怖がる人に、多くの仕事がこなせるわけがないのだ。

たとえば、ミスを犯すことを恐れている管理職がいるとしよう。彼は実力不足を理由に、決断ができない。決断が間違っていることを恐れている。結果的に権力を行使できず、遅延が続いて会社にダメージを与えてしまうだろう。彼にとってのヘル・ウィークの課題のひとつは、他人への相談やチェックや先延ばしをせずに、自身の権限において決断をすみやかに行うことだ。

私のクライアントにそんな経営者がいた。決断が非常に苦手なのだ。ようやく決断したことは、たいていは間違っていないのに、毎回自分の結論の正しさを確証するために、時間を浪費してしまう。そしてついに優柔不断がたたってライバル会社に業績を追い越されてしまった。

決断をするときには、間違っているかもしれないことを念頭に置くべきだ。しかし、正しい決断の数のほうが多い限り、必ず進展がある。

4 「完全な準備」とは何か

Preparations

これからあなたは、ヘル・ウィークに取りかかる準備を整える。

特別な一週間だが、普段のパフォーマンス環境のなかで行う。たとえば、クロスカントリースキー選手なら五〇キロのレース、ビジネスマンなら顧客候補向けの営業会議などだ。

ところで、ご存じかもしれないが、**クロスカントリー選手は、スタートのピストルが鳴った時点でほとんどの仕事を終えている。**事前に体系的なトレーニングを積み、細かい微調整に励み、試合に向けてメンタルを整え、本番をイメージし、様々なシナリオを予測して、それぞれにどう対処するかをすでに決めているのだ。

本番の試合でベストのパフォーマンスができるスポーツ選手は、例外なく、「最高レ

ベルの準備」をしている。これは経営者や芸術家、俳優にも同じことが言える。超一流の人間は、成功する確率を上げたいと望んでいる。敗北を許さず、上昇や成功を強く求めるあまり、運やチャンスのせいにすることを受け入れないのだ。

大きな契約の交渉の場での立ち回りや、手ごわい会議でのアプローチの成果は、事前の周到な準備と切っても切れない関係にある。あなた自身や会社が困難に直面したときの対処も、準備力がものを言う。

多くの人が、即座にいい結果が出ないからと、綿密な準備をあきらめてしまう。本番でベストを出せますように、と運を天に任せるのだ。

しかし、ヘル・ウィーク中のあなたは運任せにしない。うまくいくことを、あなたが知っているからだ。

アメリカ海軍特殊部隊シールズの人間は、**「失敗はオプションではない」**と言う。空挺部隊員や海兵隊員、北極探検家が準備を完璧に行うのは、準備を怠《おこた》ることが致命的な結果につながるからだ。準備が生死を分けるのである。

◎同じ実力でも勝てる人、負ける人

「完全な準備のあるところに、常に勝利がある。人はこれを『幸運』という。不十分な準備しかないところに、必ず失敗がある。これが『不運』といわれるものである」

ロアール・アムンセン

準備は、退屈、愚かなこと、面倒なこと、と見なされることがしばしばだ。それ以外のことを優先にしがちである。しかし、成功と失敗、偉業を達成するか否か、ポジティブな気分とネガティブな気分を分けるのが、多くの場合、周到な準備なのだ。

私は子どもの頃、ロバート・スコット、ロアール・アムンセン、フリチョフ・ナンセン、イェルマー・ヨハンセンといった、極地探検家の物語に大いに刺激を受けた。また、後に現代の冒険家や登山家や探検家を知るようになり、著書を読んで、彼らが**準備段階を冒険の重要な一部としてとらえている**ことに気が付いた。彼らの著書や講演会では、準備の話が大半を占めることが多い。そして実際に、極めて厳しく丹念な準備を行っている。遠征の結果は準備次第だと断言する冒険家も数多い。

ロアール・アムンセンは、南極点に到達した最初の人だ。同時期に南極を目指していたロバート・スコットとの競争に勝利した。その差は三四日。一九一一年一二月一四日、アムンセンと探検隊員は南極点に到達し、スコットが到達したのは一九一二年一月一七日だった。

なぜアムンセンが一番になれたかについては、これまで数多くの文書が書かれ、議論がされてきた。スコットについては、文献やドキュメンタリー映画を観る限り、人柄も指導力も素晴らしく、私は心から尊敬している。ただ、**アムンセンが勝利をおさめた決定的な理由は準備力の高さにあった**というのが一般的な見方だ。

アムンゼンは同行する仲間には極地の経験を持つ人間を選んだ。隊員はすべて優秀な職人、スキーヤーであり、協力してタスクに臨めるチームプレーヤーだった。ライバルの二倍以上の蓄《たくわ》えを携行《けいこう》し、スコットの馬が死に絶えモーター駆動の乗り物が役に立たない一方で、アムンセンは犬ぞりを使った。隊員のひとりオラフ・ビアランドは強度を落とすことなくそりの重量を劇的に減らす改造に成功した。

アムンセン隊の衣服や装備は、イヌイット族の伝統的なサバイバル術を大いに参考にした。アムンセンは、**最高から学ぶことを心掛け、準備段階では常に問題解決を重要視した。**遠征のスタート地点は入念に計画され、それだけでもスコットより一歩リードしていた。食糧は正確に計算され、スコット隊がいかにも英国らしい低カロリーの紅茶を飲んでいたのに対して高カロリーなココアを選んだ。

◎私が生死を分ける状況で得た人生の学び

軍隊では、任務を遂行して無事に帰還するために、準備と有効な計画と現実に沿った訓練は必須だ。私がこれまで関わった企業や会社には、「準備を怠らない人は生き残る」「細部への気配りが安全を生む」という風土があった。

軍隊で、初期の段階で受けた訓練と教育によって、実務の前段階こそが重労働なのだと気づかされた。**ささいな違いこそが重要であり、それがしばしば失敗と成功を分けるというのは、私にとって大きな気づきだった。**小さなディテールは、準備段階では取るに足らないことと思われがちだが、本番のパフォーマンスや困難な任務において、これが要となるのだ。

私が忘れがたい教訓を学んだのは、一九九〇年代のノルウェー北部での演習だ。私の偵察班の任務は、「敵領域」の奥に入って敵の活動を観察すること。途中までヘリコプターで潜入することになった。

真っ暗で寒い冬の夜、トロムス県の山脈に沿って作戦通りに飛んだ。ここまで前線に近づいたのは初めてだった。最後はスキーを使って敵領域に渡る。荷物は四〇キロのバッグに装備と武器。各々五〇キロ以上の重量を背負い、困難な道のりをスキーで運ばなければならない。

着陸まであと一〇分を切ったとき、操縦士からのメッセージが聞こえ、身支度を始めた。操縦士が最後の数分のカウントダウンを行い、合図を受け取った私たちはドアを開けてヘリコプターから飛び降りた。両側から二人ずつだ。

耳をつんざくようなエンジン音、身を刺すような寒さ、回転翼からの風、跳ね上がる雪。ほとんど目を開けていられない。仲間と共に、付近の安全を確保してひざまずいた。ヘリコプターが去ると、突然あたりが静かになった。敵の偵察隊にヘリコプターの音を聞かれたり姿を見られたりした可能性があるので、すみやかに移動しようと、行進を始めようというときに、私はあることに気が付いた。

ジャケットが何かおかしい。ジッパーを閉めるのを忘れて、前が大きく開いている！　基地を出発するときに、スナップボタンだけを留めたことを思い出した。私は無我夢中でジャケットの中に手を入れた。ない。地図が飛んでしまった！　常にジャケットの中に入れていた地図が。これからの道しるべにするはずなのに。

偵察隊の人間はルートを覚えているとはいえ、かなりの距離があるため、任務を遂行するのに地図が必要だった。

大失態だ！

通常なら各自が地図を持っているが、この任務に必要な地図は機密事項のため、私しか持っていなかったのだ。頭の中を様々な思いが駆け巡った。任務を今ここでキャンセルするか？　地図なしで方向が分かるか？　万一に備えてジャケットの裏地に隠してある大まかな手書きの地図を使うか？

私は絶望してその場に立っていた。他の者はまだひざまずき、それぞれ別の方向の安全を確保している。私は皆を手振りで集めた。

「聞いてくれ。私はひどい失敗をした」

「何ですか？　違う場所に降りてしまったのでしょうか？」軍医がたずねた。

「地図を失くした」私は恥をしのんで言った。

「地図を失くしたんですか？」

「いつもはジャケットの右側に入れているのだが、ジッパーを締め忘れて前がきちんと閉まっていなかったのだ。ヘリコプターの回転翼の風でジャケットの前が開いて、地図が飛ばされてしまった。この暗さでは見つかるまい。遠くまで飛んだだろうし、飛んだ方向もわからない」

軍医がため息をついた。「どうしましょうか？」

私は全員の目をのぞきこみ、皆と一緒に決定すべきだと考えた。私が重要な準備で大きなミスを犯したので、次に取る行動は全員に合意してほしかった。

そのとき、連絡将校がにやりと笑って自分のジャケットのジッパーを引き下ろした。

「では、私の地図を使うことにしましょう」

そう言って、透明なプラスチックの財布からきちんと折りたたまれた地図を取り出して、私に手渡した。

私は心底驚いた。絶望の感情が幸福と安堵《あんど》へと変わった。

「どこで手に入れた?」私はたずねた。

「最後の通信チェックをする直前に、指揮官からいただきました」

その夜トロムス内の任務を完遂した。私はスキーで移動中の最初の数キロの間に「小さな打撃も大きなカシの木を倒す」ということわざを考えていたのをよく覚えている。

「今回は運がよかった。もう二度とこんなことは起きない。次回はいっそう念入りに準備をしよう」

準備が結果を決めるのだ。万全にして臨んでほしい。

◎パフォーマンスのピークを計算する

ヘル・ウィークでも、主要な内容を決めておく準備が必須である。そう、あなたが内容を作るのだ。**この週に何をやりたいかを、自分で綿密にスケジューリングする。**スポーツ選手なら、トレーニング計画に組み込んで、いわゆる「トレインダウン（トレーニングの負荷を減らす）」の時期をこの一週間に充てるといいだろう。

私が知るボート選手は、重要な大会に備えてパフォーマンスのピークを調整するために、試合前の一定期間にエクササイズの負荷を減らす。数日間トレーニングの負荷を上げてから、試合直前に負荷を減らす時期を短期間作るのだ。会社勤めなら、前半が忙しくなる一週間を選べば、ヘル・ウィーク中に手ごわい仕事をこなすことができる。

れんが職人や大工は、家を建てるすべての工程を細部まで確認しないうちは、基礎壁用のコンクリートブロックを積み重ねることをしない。

あらゆることを考慮して計画し、可能な限り小さな詳細の予測を立て、起こりうる失敗や問題を分析するのもプランのうちだ。

5 人生を俯瞰で見る

How To View Your Life

準備段階の最初のステップは「人生を俯瞰《ふかん》で見る」ことだ。これはヘル・ウィークの最終日である日曜日の主要テーマでもあるが、必ず事前に時間をかけてこの作業を行ってほしい。

「なぜ実践するのか」

「何を達成したいのか」

前もって掘り下げておくことは、ヘル・ウィークを成功裏に終わらせるために欠かせない作業である。正しい目標を持つのが成功の秘訣だ。**この一週間に挑むあなたのゴールは何だろう？**私からたくさんの理由をつけることはできるが、何よりも重要なのは、**あなた自身が理由と目標を考えて自分の手で書き出すことだ。**

目標を見つける方法？　よろしい、お話ししよう。

◎人生はマヨネーズ瓶

大学の哲学の講義で、教授が机の前にいくつかのアイテムを置いた。教授は無言で空のマヨネーズ瓶を手に取り、中にゴルフボールを詰めはじめた。そして学生に「瓶は一杯か」とたずねると、学生は「はい」と答えた。

教授が、今度は小石の入った容器を手に取り、中身をマヨネーズの瓶に詰めた。瓶を軽くふると、小石がゴルフボールのすき間に流れていった。教授が学生に、「瓶は一杯か」とたずねると、ふたたび学生が賛成した。

次に、教授が砂の入った容器を手に取り、瓶に砂を入れた。砂粒が、瓶のすき間に流れていった。教授が、「これで瓶は一杯になったか」、とたずねると、学生は自信がなさそうに「はい」と答えた。

今度は教授が、机の下からコーヒーカップを二個取り出して、瓶の中に同時に注いだ。コーヒーの液体が砂粒の隙間に入り込んだ。学生たちが笑った。

「さて」と教授が口を開いた。

「この瓶を、あなたの人生だと考えてほしい。ゴルフボールは最も大切なもの——家族、子ども、健康、友人、情熱など。他をすべて失っても、これさえあれば人生に価値があると思えるものだ。小石は、それ以外で人生に意味のあるもの——仕事、家、車など。砂はそれ以外——些末《さまつ》なもののすべてだ」

「瓶に最初に砂を入れてしまうと、小石とゴルフボールのスペースがなくなってしまう。人生も同じことだ。**小さなことに時間とエネルギーをすべて使ってしまうと、本当に意義深いことのために使う時間はいつまでたっても取れない。だから、あなた自身の幸せに欠かせないものに意識を向けてほしい。**子どもと遊ぶ。定期的に健康診断を受ける。ガールフレンドをロマンチックなディナーに誘う。家の掃除やゴミ出しはいつでもできる。**優先すべきは最も大切なこと、つまりゴルフボールだ。**優先順位をはっきりさせよう。残りはたかが砂なんだよ」

学生のひとりが手を挙げて、コーヒーは何を意味するのですか、と質問した。

教授はにやりと笑った。

「その質問を待っていたよ。**人生がどんなに慌ただしくて予定が一杯でも、友人とコーヒーの一杯や二杯を飲む余裕は必ずあるということさ**」

優先すべきことを見つけるために、人生を俯瞰で見るにあたって、こんな質問を自分にしてみよう。

これまで何年生きてきた？　その間に、何を手に入れた？

設定した目標を達成したか？　目標を設定したことがあるか？

今の人生に満足しているか？　人生のどんな部分に不満があるか？

それを変えるために、自分に何ができるか？

自分に誇りを持っているか？
バランスが取れているか？　コントロールが上手か？
人間として、家族の一員として、仕事人として、自分に満足しているか？

「人生を俯瞰で見る」とき、何に焦点を当てるかは、人によって様々だ。私の場合は「自分はいつか死ぬ」と考える。人生は短い。誰でも、地球上で与えられた時間を過ごし、この世を去るのだ。私は臨終のときの自分を想像する。いつか死ぬのだから、今この瞬間から得られるだけを得ておきたい、と思う。名付けて「死の哲学」だ。いつか墓に入ると思えば、今生かされていることへの感謝がわいてくる。

あなたが人生を俯瞰で見るのはどんなときだろう。テレビで大飢饉《ききん》のニュースを見て、食料が豊かな国に住んでいる幸運に気づくときだろうか。癌《がん》の診断を受けた知人の話を聞いて、自分の身にも起こり得ると思う瞬間かもしれない。しかし、たいていの人は、わざわざ時間を取って人生を俯瞰で見ることをしない。たとえ何か思うところがあっても、それで生き方を変えることはめったにないだろう。

だから私に相談に来る人が後を絶たないのだ。体系的に自分と人生を見つめる機会は、意識しないとなかなか持てないものだ。本書とヘル・ウィークの準備にも同様の効果があるだろう。

考えてみてほしい。人生を俯瞰に見るとは、どういうことだろう。何が含まれ、何が含まれないのだろう。ヘル・ウィークの大きな目的は、正しい選択をする方法を学ぶこと、自分のベストを引き出せる自分になることだ。

◎今日始めた人が成功する。明日から始めた人はいない

多くの人が、「明日から」「来月から」「来年から」始めよう、と考える。それでうまくいくと信じている。もっとよくなりたい、という意志や願いを持たない人などいない。しかし、計画があいまいで不明瞭で、毎日の生活に流されて、人生を改善する余裕がない。いわば日常生活に鎖でつながれた囚人だ。**自分の人生なのに舵取りができず、外部**

の要因に支配されっぱなしなのだ。

転職やキャリアの方向転換は、好転のきっかけになる。夢を追いかけてもいいだろう。人生は一度きりだ。ただし、完璧な仕事を見つけることは必ずしも必要ではない、と私は声を大にして言いたい。今持っているものを最大限に生かして充実度を増すことが大切なのだ。

大事なのは、何をするかよりも、正しく行うこと。今の瞬間を大切にし、短期間で得た糧を日々積み重ねているうちに、後にさらなる大きなチャンスがめぐってくるだろう。

人はたいてい、変化を先延ばしにする言い訳を探そうとする。人間は習慣の生きものなので、不慣れなものを不快に感じる傾向にある。そんなときは、人生を俯瞰で見るのが大いに役立つはずだ。

「一〇年、二〇年のうちに大仕事を達成したいと思っているうちに、キャリア人生が終わってしまう。**二〇年後の自分は、どうなっていたい?**」と問いかけるのだ。

正しい問いかけに従って思考していると、腑《ふ》に落ちる瞬間がやってくる。強い気持ちや焦燥感がわいてくる。この感情こそが、ヘル・ウィークに入る前にモチベーションを上げてくれる大切なツールなのだ。

自分についてじっくり考えてみよう。

どんな人間になりたいだろうか。子どものころの夢は？　どんな人間になり、何をしたかった？

過去の人生を振り返り、この先一週間について考える。今の自分が、人生のどの位置にいるかを詳しく書き出して、どの時点で何を望んでいたのかを洗い出す。人生を俯瞰で見たうえで、今の人生を文字に起こしてみること。

6 三つの重要な作業

Three Important Tasks

「人生を俯瞰で見る」作業によって思考がクリアになったところで、準備段階の次のステージへ進もう。最も大切な作業は、**自分が伸ばしたい分野を明確にすること**だ。

ある程度の自己認識があるはずだが、自分のすべてを把握《はあく》していると思わないほうがよいだろう。それを念頭に、ヘル・ウィークの準備を進めているうちに、隠れていた自分の新しい一面を発見できるはずだ。自分はだらしない？　整理整頓が下手？　約束を守るのが苦手？　怠け者？

あなた独自のヘル・ウィークのプログラムを作るにあたって、次の三つの作業に集中してほしい。

1　人生を分析する
2　最も改善・向上できそうな分野を見つけ、フォーカス対象として特定する
3　ヘル・ウィークの具体的な目標を定め、達成するための戦略を具体化する

◎フィードバックをもらう

人生を分析する作業は徹底して客観的に行う必要がある。これまでの「自分年表」を振り返り、現在の価値観と欲求を知り、将来の方向性を掘り下げて考えるのだ。そして、自分の強みと弱みをリスト化してみよう。

その作業にあたって、非常に参考になるのが、**知人からのフィードバック**だ。日常的に顔を合わせる人に、あなたについて率直な人物評価をしてもらおう。

妻や夫に「私の改善点は？」とたずねる。子どもに。会社の従業員に。同僚や友人に。彼らにとってあなたは、どんな配偶者／親／上司／同僚／友人なのか？

勇気がある人は、仕事上の改善点を、職場の同僚だけではなく、サービスを受ける側、たとえば顧客や患者や生徒にもたずねてみよう。

自分をもっとよくしたいなら、長所や励ましだけではなく、短所や悪癖、いらだちや絶望を感じさせるポイントについてもたずねよう。

フィードバックを求めたり与えたりするのは、かなりの勇気がいることだ。ビジネスパーソンの多くがこの点で臆病なのは、残念なことだ。経営者や専門職のクライアントが、職場で率直な意見をしてもらえない、という話を何度も聞いた。

職場の人にどう見られているかを知らずに、経営者として、ビジネスパーソンとして、成長できるわけがない。ひとつの意見から、様々な気づきがあるはずだ。たとえば、「気難しい性格」と妻と子どもに言われ、同僚から「朝の会議で不機嫌。威圧的な態度」と指摘を受けた人は、顧客に対して横柄、部下を尊重しない、という態度を取ることが推測ができる。

私が受けた印象をクライアントに率直に伝えると、たいていの人は「なるほど」と腑《ふ》に落ちるそうだ。事前に許可をもらい、クライアントの同僚に聞き取り調査を行うこともあるが、自分が認識している自己像と他人から見た印象にずれがある場合が多い。自分では寛大だと思っているのに、周囲の人すべてに陰険だと思われている、というのは極端な例だが、自分の思い込みが間違っている可能性が高いので、**自分をよりよく変えたいなら、思い違いに切り込む必要がある。**

自分には耳が痛い話でも、それが相手から見た真実なら受け入れなければならない。完全に賛同しなくてもよいが、反論すべきではない。その人から見た客観的な真実に、意義を唱えることはできないのだ。理解できないときは質問をしてもよいが、批判的にならないこと。具体的に例を出してもらおう。

◎改善のポテンシャルを定義する

周囲の人にどう見られているかを知ったところで、椅子に座ってフィードバックをまとめる作業に入ろう。紙に書き出すと、傾向が浮かび上がってくるはずだ。意外な驚きはあるか？　自分の意識と他人の印象に、大きな違いはあるか？

フィードバックを使って、最大の改善の余地がありそうな分野を探ってみよう。できる限り具体的に、改善したい分野と、ヘル・ウィークでどう取り組みたいかについて書き出す。加えて、一日の生活パターン、習慣、ルーチンワークを書き出す。そのなかで主要なものを抜粋して、準備に利用しよう。

書き出す作業を終えると、あなた独自のヘル・ウィークの内容が浮かび上がるはずだ。最大の難関も見えてくるだろう。だからこそ実践に備えることが必要になる。準備期間が長くなっても心配しないように。

◎準備の成否を決める「視覚化」

将来の出来事を前もって頭の中で予習しよう。未来の状況に実際に身を置いた自分を想像できなければ、本番で最高のパフォーマンスは望めない。たとえ初めて体験することでも、その状況にできる限り慣れ親しむ必要がある。そのためのメンタルトレーニングが「視覚化」だ。

視覚化とは、文字どおり場面の光景を思い浮かべること。想像するだけではなく、五感を使って、まるで映画のワンシーンのように、音声や雰囲気全体を思い浮かべる。

たいていの人は、これを意識的もしくは無意識のうちに行っている。視覚化についてはは『ダントツ』で詳しく解説をしたが、本書でもかんたんに説明をしておこう。

大学入学後の最初の試験、就職面接、弁護人として初めての法廷、会社の命運を分ける交渉、オーディション、俳優として初の大きな舞台、新しい職場での初のプレゼンテーション。たいていの人は緊張し不安になり、ときには恐怖さえ感じる。それらは人間として当たり前の反応だ。しかし、精神的に不安定で脈が上がっているときに最高のパフォーマンスは望みにくい。本来なら、気を静めてリラックスしたいものだ。

そのための方法は数多くあるが、**「視覚化」は効果が証明されているうえ、すでに体内に備わっているメカニズムを使うので、比較的簡単にできる。**

どんなに緊張する状況も、二度、三度と繰り返すうちに、慣れてきて気持ちが落ち着くという経験はあるだろう。誰でも、未知の領域に入るときには、懐疑的になり、恐れ、緊張し、身構える。しかし**「すでに体験したことがある」と思い込むことで、脳をだますことができる。実際は初めての場所でも、経験があるようにふるまえるのだ。**

「視覚化」を使って本番に備えておけば、成功率は劇的にアップする。もちろん時間を割いてトレーニングすることは必要だ。私を訪ねてくるクライアントのうち、「絶対に成功をつかみたい」という人と、「成功は自然にやってくる」という人には結果に違いがあることに気が付いた。

どんなことも、自然にはやってこない。あなたがつかみとるのだ。

二〇一二年ロンドンオリンピックでは、メダルの有力候補と言われていた女子水泳選手イングヴィル・スニールダルが、残念な結果に終わった。彼女はロンドンでの本番の前に、スイミングプールで起きる出来事について予測しておく準備が足りなかったことを認めている。私は直接彼女を知らないが、得意のバタフライ一〇〇メートルを泳ぎ切ったあとにノルウェー放送協会の取材で次のように話していた。

「精神状態も調子もよかったんです。ただ、ホールに大きな音が響いていたのが気になりました。なんとしてもメダルを、と思い詰めたのも問題だったようです。どうしても欲しくて全力を注ごうとして、ゴールに向けて固くなってしまった。ベストエイトに入る可能性は十分あったのに。そのせいで緊張してしまいました」

スニールダルは十分なトレーニングも積み、人柄もよさそうなだけに、私は残念に思った。理不尽な結果だ。彼女のことを直接には知らないので、失敗の原因についてコメントは控えたいが、先ほどの発言からいくつかのことが推測できる。

彼女は、「メダルが欲しいので全力を注いだ」と話していた。メダルを目標にするのはいいことだが、戦い方を十分に準備しておかないと、変則的な要因に振り回されて、やるべきことができなくなる可能性がある。ホールの騒音が気になった、と話していたが、つまり騒音に反応していた（おそらく予想外に）わけだ。これが感情面に影響をおよぼしたと言わざるを得ない。

過去に経験したことや想像したことのない、まったくの不意打ちの出来事は、感情に影響を与え、スタート前の気持ちを変化させてしまう。もちろん、スニールダルの失敗には、記者に話さなかった複雑な要因がからんでいるだろう。しかし騒音については、

「視覚化」という事前の準備で対処できたはずだ。

これはスポーツ選手に限らず、学生、ビジネスパーソン、芸術家も同じこと。**複数のシナリオを準備して、「想定外」をできる限り網羅する。**イメージするときには、**五感のすべてを使って、頭の中で映画を上映するつもりで行う。**

◎どの顧客も驚く視覚化のノウハウ

ヘル・ウィークを実践する前に、**能力を最大限に発揮している自分を視覚化**しておこう。短編映画のように一日ずつイメージしても、七日間をまとめて長編映画のようにイメージしてもいい。挑むことになる様々な困難を想像し、プライベートと職場の両方での活動を、様々なレベルで予測しておく。一週間の設定が厳しければ厳しいほど、多くのことが学べ、自尊心と自信が強まるだろう。

職場の椅子に、仕事ができる人になりきって座っている自分をイメージする。イメージの中の自分は、かつてない集中力で仕事をする。今まで先送りにしてきたことを実行する。会議でハイレベルな活躍を見せ、望んだ結果を出す。常に課題解決を念頭に精力的に仕事をこなし、決して言い訳をしない。時々休憩してリラックスし、ひんぱんにポジティブな思考回路を取る。心のつぶやきに耳を傾ける。これまで重ねてきた準備を心の中で確認し、一週間の目標をたびたび思い返すために、携帯電話やパソコンや腕時計を見たり、机に何かを飾ったりする。

イメージするときは、頭の中で映画を上映するように、フルカラーで鮮やかに思い浮かべること。大きな映画館に座っているつもりで。

今度は、満足のいく仕事を終えて帰宅するときの気分を想像しよう。再びエネルギーが充満し、自然に違う役割のスイッチが入り、確信を持って役割を果たす。リラックスした気分で子どもやパートナーと向き合い、相手をリードする。

イメージの中で特別な一週間なのだから、極上の雰囲気を演出しよう。ベッドに入る前に、少し仕事と読書の時間を取って、心穏やかな気持ちで歯を磨き、就寝は午後一〇時。家族におやすみのキスをする。満足そうに微笑み、ほっとした気分で電気を消して、夢の世界へと向かうのだ。

7 ゴールを「正しく」設定する

Setting The Right Goal

準備段階の最後の課題は、ヘル・ウィークのゴールを設定し、そこに到達するための戦略を練ることだ。まずは「5人生を俯瞰で見る」の章で書き出したリストに目を通すことから始めよう。そのあと、次について考えて書き出してみよう。

・あなたが人生で目指すもの・人生の目標
・手に入れたいもの
・あなたが望む環境・人間関係

次にさらに具体的に、一〇年先のゴールについて書き出す。次に五年先について。翌年について。そしてヘル・ウィークの七日間の目標へと立ち戻る。わずか数週間先の数日間のゴールを決めるのだ。**大きなゴールに近づくために、せめて正しい道を走るために、一週間のうちに何ができるだろう?**

私の知る限り、人生に何を求めるかをじっくり考えて書き出した経験がある人はほとんどいない。また、やりがいのあるゴールを突き止めるのが難しいと考える人が多い。しかし、**たとえ最終的な大きなゴールを特定できなくても、一年、一か月先の目標をいくつか設定するだけでも、大きな効果がある。**

目の前のことに集中し、現状で良い仕事をして日々にベストをつくすのもよいだろう。未来の大きな夢を思い描くのは大きな刺激になるが、見つからなくてもがっかりしないこと。いつかは見つかるはずだ。

また、価値のあるゴールを特定したいなら、時間をかけて考えることが必要だ。見つけるための考え方のコツをいくつか挙げておく。次の質問を自分にしてみることだ。

・自分はどんなときに幸せな気分になるか

・何の作業をしているときに楽しくて没頭できるか
・子どもの頃、何になりたかったか
・若い頃に何に興味を持っていたか
・成功が保証されているとしたら、どんなことをやりたいか
・お金を問題にせず、したいことをなんでも選べるとしたら、何をやりたいか

野心を持って、大きなことを考えよう。高い目標を設定しよう。悪く転んでも、ゴールに到達できないだけなのだから。ゴールはいつでも微調整すればいい。手堅い選択をしたり、何も選ばなかったりするよりも、壮大な目的があるほうが、旅ははるかに楽しくなるはずだ。

たとえ九時―五時の比較的平凡な仕事をしながら小さな子どもを育てる生活に満足している人でも、人生の終わりに「素晴らしい旅だった」と思えるような新たな目標を持ってかまわないのだ。今持っているものよりも大きなものや素晴らしいことを目指して、思考し、信じ、行動する許可を自分に出していいのである。ただし、実現させる前には、しっかりと考えて自分の気持ちと対話する必要がある。

◎一度きり、一度きり、一度きり

あなたの人生は一度きりだ。可能性を自分のものにするチャンスは一度しかない。いつか、手遅れになる日がやってくる。そう考えると、壮大な夢をあれこれと思い描き、いつしか人生のゴールや理想の姿に到達したいと思えるはずだ。**ゴールは明確で具体的、やる気をそそるものがよい。**考えるだけでわくわくするような、そのためなら日々に余分に頑張れるような内容がいいだろう。

あなたは素晴らしい人生に値する人間なのだ。

長期の目標があれば、ヘル・ウィークをいっそう意義深いものにできる。**このプログラムの目的のひとつは、長期の目標を軌道に乗せることでもあるのだ。**まだ人生の目標を見つけていない人は、この機会に見つけることができれば、新たなゴールへの跳躍板として使うことができる。

すでに目標に向けて動いている人なら、夢に向かって大きく前進できるだろう。普段なら、小刻みに進んだり時には後退したりもあるが、ヘル・ウィークは、推進力をつけて違いを生む一週間なのだ。

一年後、三年後、五年後に、どんなことができていれば嬉しいだろうか？　書き出してみよう。

「二年以内に、毎日楽しく働ける仕事を見つける」
「国内有数の優秀なアナリストになる」
「資産と仕事を増やす。会社は○年で○円の売り上げ、市場占有率○％、○円の利益を出す。従業員の合計は○人」
「現在の仕事で優れた業績を出す」
「管理職として着実に成長し、いつの日か大きな権限を持つ常務取締役になる」

自分が目指す経済状況についても具体的に書き出そう。ただし、あなたにとってお金がモチベーションを上げる重要な要素である場合に限る。

「来年は今年の二倍稼ぐ」

「一〇年以内に億万長者になる」

ランニングやサイクリング、体力トレーニングなど健康に関する目標や、家族との過ごし方についての目標、社会貢献に関する目標でも構わない。

繰り返すが、一週間で達成する目標である必要はない。それを実現できる自分に、一週間で変わるのが目的だ。

何を勝ち取りたいのかが具体的にわかっているなら、モチベーションを上げるのは比較的簡単だ。目標を日常ベースで思い出すことができれば、ゴールに近づこうという目的を持って、**日々の正しい選択を行いやすくなる。**

ヘル・ウィークは、自分の潜在能力を明らかにする絶好のチャンスだ。この一週間をやり遂げた多くの人は、不可能を恐れなくなる。

勇気を出して、自分を本気で試すプランを作成してみよう。一週間の目標を正確に書き出す。計画を立て、戦略を練り、やり遂げたいスケジュールを書き出す。具体的に細かく書くこと！　厳しさの程度を決めるのはあなた自身だ。

一週間後に、ここまで達成できた、といい意味で自分に驚くことができれば、あなたの人生はどんな影響を受けるだろう。わずか一週間で！

◎一度限界点を超えれば、一生のよりどころとなる

「人生に望むものを手に入れるために不可欠な最初のステップは、欲しいものを決めること！それを決めて人生の目的を書き出したら、毎日読み上げる。できれば朝の時間に」

ベン・スタイン（ジャーナリスト・作家）

ほとんどの人は自分の限界点を知らない。そこに挑んだことも、コンフォートゾーンを出たこともないからだ。

ヘル・ウィークを完遂すると、自分のキャパシティについての貴重な経験値が得られる。ここまでやれる、という感覚を把握できるので、将来的に似たような状況になったときに冷静に行動できるのだ。仕事が山積みになったとき、一晩頑張れば片付くという予測が立てば、ストレスは失せ、落ち着きを取り戻せる。

ヘル・ウィークが終わって日常生活に戻ると、何が起きるか。ヘル・ウィークを懐かしむようになる。

ユーレイルパスを使ってヨーロッパの鉄道旅行をした仲間が、二〇年後にどんな思い出話に花を咲かせるかといえば、たいていは不快な経験である。混み合った車両、ノミがいる安宿、不健康な食事。それらが懐かしい、と語るのだ。人間はそんなふうにできている。つらさや不快感はたちまち忘れ、ポジティブな記憶にすり替わってしまうのだ。

「ダントツ」になろうとする人は、つらさや重労働を受け入れられる。例えば、来る日も来る日も作品制作に没頭するアーティスト。ビジネスの世界で成功するために多くのことを犠牲にしているだろうビジネスウーマン。内面の平和を追求する修道士。穏やかな家庭を作るために奮闘する小さい子どもの母親。それぞれに頑張る理由があるのである。

多くの人は、挑戦したことがないから、その感覚を知らない。

ベストの自分になろうという素晴らしい感覚を。

ほとんどの人はその経験がないから「どうしてあんなに頑張るのかが理解できない」としか言えないのだ。

あなたは、七日間を長いと感じるだろうか？　持ちこたえるのは厳しい？　それとも、多くのことを実践して変わるには短すぎると思うだろうか？

やるべきことを理解したうえで目の前のタスクに集中すれば、短時間で大量のことを片付けられる、というのが私の自説だ。あなたもヘル・ウィークを終えた後に賛同してくれると確信している。

8 ヘル・ウィークの七つのルール

Seven Rules

成功するためには、全力で臨まなければならない。うっかりミスをしている余裕はないし、「今朝は寝坊したい」「今日は仕事の後に友人と飲みに行きたい」は許されない。

私が経験した軍隊バージョンのヘル・ウィークでは、ささいな違反のために叱責を受ける仲間を何人も見てきた。見張り時間に居眠りをすれば、実際の戦場では一大事につながる。靴下の片方や水筒といった忘れ物も同様だ。小さな一つのうっかりが、解雇の理由になるのだ。

私のヘル・ウィークはそこまで厳しくはないが、要求は多い。あなたに毎晩、ベッドに入る前に携帯電話のメールチェックをする習慣があったとしても、この週はだめだ。朝は、目覚まし時計のスヌーズボタンを数回押してからベッドから出てはいけない。

曜日ごとのテーマがあり、意識を向けるエリアが違うが、月曜日午前五時から日曜日午後一〇時まで、全体にわたって共通するルールがいくつかある。

次に挙げるのが、ヘル・ウィークの七つのルールだ。

◎ルール1：早寝（午後一〇時）早起き（午前五時）を守る

五歳のころから「早寝早起き」を教えられて育ったのにできない、という人は、あなただけではない。

アメリカ人の五千万人から七千万人が、健康や注意力や安全に深刻な影響が出るほどの睡眠不足に陥《おちい》っているそうだ。また、最近の研究から、週に（一日ではなく一週間に）一時間睡眠時間が増えれば、四パーセント以上の収入増が見込めることがわかっている。心と体に必要な休息を与えるだけで、これは悪くない増収ではないか。

ただし、例外は木曜日だ。

この日だけは、睡眠を一切取らずに生産性の高い仕事を徹夜でこなしてもらう。詳しくは後に解説するが、前もって頭に入れておいてほしい。

◎ルール2：成功者にふさわしい外見を常に心がける

「今の職業ではなく、なりたい職業にふさわしい服を着なさい」

このことわざを、期間中は生活のすべてに適用してほしい。服装と見た目をワンランクアップさせ、毎朝ベストの外見で出勤すること。髪をきちんととかし、シャツやブラウスはアイロンをかけ、爪は切るかマニキュアをしよう。

家にいるときにも身なりに気を配ってほしい。パートナーや子ども、ペットにさえも、素敵な自分を見せるつもりで。ヘル・ウィークの大きな目的のひとつは、新しい行動パターンを確立することだ。「できるまでは、フリをしなさい」ということわざの通り、まずは「できる人の外見」を作ってしまおう。

◎ルール3：限界まで身体を動かす

トップクラスの成功者は、必ずといっていいほど定期的に運動をしている。心身共に健康であることが、最大限のパフォーマンスと生産性を可能にするのだ。期間中は、毎日最低一時間、身体を動かしてほしい。多忙な人や体力が持たない人は、三〇分間を二セット行ってもいいだろう。

普段から運動をしている人は、今週はいつもより厳しい内容に設定すること。四〇分で五キロを走っているなら、一〇キロを一時間以内で走る。ジムの自転車マシンの初心者クラスしか受講したことがない人は、中級や上級に挑戦する。

自分の限界の先へ行ってみよう。運動は自分の限界を試す絶好の機会だ。体力と主治医の許す範囲で、限界まで身体を動かしてみよう。

◎ルール4：健康的に食べる

健全な心と体を作るのに欠かせない三本柱は、「睡眠」と「運動」と「健康的な食事」だ。私のお勧めは、一日三食という従来の食事法にとらわれずに、食事の回数を増やすこと。

たとえば、少ない食事を五食にし、そのうち二食をおやつにする。各自のこだわりや食事制限の関係から、内容についての詳細な指示は控えたいが、私のクライアントには、卵、果物、野菜、ナッツ、グラノーラ、ヨーグルト、穀物など、調理が簡単な食材を活用している人が多い。健康的な食事についての情報はあちこちで手に入る。重要なのは、あなたが実践することだ。

脂肪・糖分・塩分を高度に含むジャンクフードは、ヘル・ウィーク中は禁止。アルコールもだめだ。かなりの我慢を強いられるが、そこが狙いでもある。

◎ルール5：デジタル生活を休む

生活を簡単にしてくれるはずのスマートフォンやタブレットのおかげで、多くの人がデジタル過多の状態だ。メールやツイッターやフェイスブックを通じて情報が次から次へと受け取れる時代に、仕事に集中し、友人や家族との直《じか》の交流を大切にするのは、至難の業《わざ》と言ってもよいだろう。**期間中は、ここ数年で生活に侵入してきたデジタルの習慣をいったん断ち切ってもらう。**

勤務時間内にプライベートでSNSを使うのは禁止。最近は仕事でツイッターやフェイスブックを使う人も多いが、その場合は、たとえば旧友のインスタグラムのページをのぞかないように自分を律してほしい。

テレビの視聴も禁止だ。好きな番組は来週にまわそう。

◎ルール6：一〇〇パーセント集中する

オフィス勤務の人は、仕事とプライベートをきっちりと分けることができるはずだが、テクノロジーの発達のせいで境界線があいまいになっているのが現状だ。あなたは一日に何回会社でフェイスブックをチェックし、家で仕事のメールを読んでいるだろうか。

ヘル・ウィークの期間中は、勤務中は仕事に集中する。勤務時間に友人にメールや電話をするのは禁止。

その代わり、仕事を終えて家の玄関をくぐった瞬間から、家庭生活に一〇〇パーセント集中しよう。家族と住んでいる人は、家族にわき目もふらず意識を注ぐ。夜のエクササイズを習慣にしているなら、全力で取り組む。午後九時には本を持ってベッドに入り、良質な睡眠が取れるように心と体の準備をしよう。

◎ルール7：さらに上を目指す

ヘル・ウィークはあなたの意志力と精神力を試す期間だ。だから、全力で取り組んでほしい。私のクライアントのうち、力を出し惜しみした人は例外なく、見込みより少ない結果しか得られなかった。全力で取り組んだ人は全員、新たなレベルの集中力と方向性を手に入れることができた。では、ぶれないためにすべきことは何だろう。突き詰めれば、次のような心構えに集約される。

真剣に作業をする。

重要なプロジェクトを完成させるときも、洗濯物をたたむときも、あらゆる作業に目的と決意をもって取り組むこと。

最後までやり遂げる。

取り組んだ作業は、最後までやり遂げること。現代のライフスタイルでは、始めた作業をひんぱんに中断するパターンに陥りやすいが、それでは未完成に終わりがちだ。たとえプロジェクトの数を絞ってでも、今週は完結させることに専念しよう。

積極的に行動する。

流れにまかせるのを止めて、自ら変化を起こそう。後回しにしていた配偶者やパートナーとの大事な会話。新たな仕事のアイデアについて、同僚と議論すべきこと。状況を自ら引き受けて、アイデアを形にし、適切な人に連絡を取る。ヘル・ウィークは用事を片付ける週にしよう！

明るく振る舞う。

常に楽しい気分で、積極的に、解決志向で。有能で管理能力があるからと、カリカリした怖い形相《ぎょうそう》になる必要はない。人に敬意を払い、謙虚に接しながら、高い生産性を上げることは可能だ。

集中する。

今週は何をするときも細心の注意を払ってほしい。常に自分の役割に意識を向ける。話すタイミングと聞くタイミングを意識する。自分が引っ張る側に立つときと、従う側に立つときとをわきまえる。その時どきに求められる自分の役割を意識して、受け入れよう。

長々と書いてきたが、ルールを守ることよりも重要なのは、あなたの心構えである。

「あなたは、自分が思っているよりはるかに上に行ける。しかし、限界点まで自分を押し上げなければならない」

これは、士官学校時代に教官から言われた言葉である。

軍隊で行うヘル・ウィークのほうが、その点は楽である。常に司令官が命令するため、嫌でも集中し続けることが要求されるからだ。あなたのヘル・ウィークは、やる気や意欲を自分で奮い立てなければならない。もちろん、あなたにはそれができる。私はそばで励ますことはできないが、常に文章を通じてあなたを導き、イメージを与えていく。

さあ、始める時間だ。

PART 2

実践！
七日間特別レッスン

THE HELL WEEK

繰り返し行うことが人格を作る。
よって優秀さとは、単発の行動ではなく習慣なのだ。

アリストテレス

Monday

月曜日

やり抜くための「習慣」づくり

課題

自分の持つ「役に立つ習慣」「邪魔な習慣」を探り当てる
どんな習慣を持ちたいかを決める
習慣を変える手段があると知り、実行する

効果

「最善の習慣」を身に付けることで、日常生活を送るだけで成功に近づくようになる初日である月曜日には、「習慣」に意識を向ける。**習慣が、あなたの人間性と目標の達成度合いの大部分を物語るからだ。**習慣が行動をコントロールし、習慣が優先順位を決め、習慣が選択肢を誘導する。多くの場合は無意識のうちに。だから、**自分を改善したいなら、習慣を見直すことが必須なのだ。**習慣が成功を左右するといっても言い過ぎではない。

自分を見つめるだけで、多くの習慣が明らかになる。たとえばエクササイズについて。そもそも運動をしているか、目的は筋肉をつけるためか、持久力をつけるためか、その両方なのか。

化粧は？　ヒゲはそっている？　顔色から生活習慣の多くがわかる。身体をいたわっている？　酒を飲みすぎている？　ヘアスタイルは？　歯の白さからは、歯磨きの習慣だけではなく、日常的に口に入れているものまでわかる。服装から習慣がにじみ出る。

シャツにきちんとアイロンがかかっている？　袖《そで》にしわがある、ノリをつかっている？　靴は磨いてある？

月曜日の朝五時にアラームが鳴る。ほとんどの人は、その音を耳がキャッチして脳にメッセージを送るときに、スイッチを消してもう一度眠りたいと思うだろう。

この状況について、もう少し深く考えてみよう。朝ベッドから出る時間を先延ばししたい願望は、あらゆる習慣のなかで最も根の深いもののひとつだ。アラーム時計のスヌーズボタンは、世界で最もひんぱんに押されるボタンかもしれない。

あなたは眠っている。心拍は遅く、身体全体が待機状態だ。そこにアラームが鳴る。目が覚めて最初にチェックするのは、今の気分だ。この状態をどう感じるか。身体は何と言うだろう。疲れているからこのまま眠るべきだ、と言っている。そして身体の声に従って、スヌーズボタンを押し、そのまま眠ってしまうのだ。

◎変えたい習慣を変える二つのテクニック

こういった習慣を変える方法は、二つある。

ひとつには、身体の声に従うのではなく、自分を奮い立たせて良識の声に従う方法(「今日は頑張って起きなければ」)。しかし一日か二日はできても、長くは続かないものだ。理由は、**状況についての考え方を変えていないから**。「そのまま寝たい」という願望は変わっていない。違うのは、その気持ちを無理やり乗り越えたことだけだ。

もうひとつの方法は、新しい習慣を作ること。

変えるのが難しい習慣も当然あるだろう。しかし、**行動は何度か繰り返すことで習慣になることが、研究によりわかっている。反復しているうちに、行動が反射的な動きへと進化し、意識しなくても行えるようになる**のだ。新しい習慣を形成する段階では、強く意識して行うことが重要である。

最初に必要なのは、「新しい習慣」を思い出すための工夫だ。早起きの習慣に変えたいなら、アラームをいつもと違う場所に置く、アラーム音を変える、など。そして、**目覚めたときに自分に「正しい」質問をすることだ。**質問によって「正しい」答えを導くのだ。

目覚めたら、「今日の私が楽しみにしていることは?」と最初に質問しよう。これを毎朝、二週間続けていると、アラームが鳴ると自動的に頭に浮かぶようになる。シンプルだが効果は絶大だ。というのも、**脳は常に質問の答えを探そうとする**からだ。

あなたが答えなくても、潜在意識は答え探しをしている。そして何らかの答えにたどり着く(ランチが楽しみだ。夜に映画に行く。朝食の後にコーヒーを飲む、仕事で会議がある)。正しい質問によって前向きな答えを得ることで、心がいくぶんか軽くなる。**大切なのは、強引にでもポジティブな方向に意識を向けること。これができない人が多いのだ。**

気持ちのフォーカスはメンタルトレーニングの要である。ベッドから起きたい気分になることを考えるのが重要なのだ。起き抜けに「自分の夢」「自分の目標」を問いかけてもいいだろう。ちなみに私はライバルを思い浮かべることが多い。

私はしょっちゅう早起きの大切さを語っている。また、現代社会では肉体的な挑戦を強《し》いられることがめったにないが、早起きのトレーニングは不快を感じる絶好のチャンスだ。不快な気分のときこそ、様々なツールを活用することができる。

早起きを楽にするために、事前の準備を考えよう。たとえば前日に好みのジュースと焼きたてパン、好みのサンドイッチの具や卵を用意しておくと、朝が楽しみになるだろう。お気に入りのラジオ番組をアラーム替わりにセットするのもよい。また、先日の夜に服を揃《そろ》えておくと朝の着替えが楽になる。

◎三つのステージと七つの習慣

スティーヴン・R・コヴィー著『7つの習慣』は、タイトルからもわかるように「習慣」の重要性を説いた本だ。そのなかでコヴィーは人間の発達の三つのステージについて説明している。人生の第一ステージから第三ステージのどこまで進めるかは、七つの習慣を身に着けられるかどうかにかかっている。

第一のステージは「依存」。すべての人はここから始まる。人は皆、生き残るために他者に依存しており、個人として成長しない限り、このステージにとどまる。

第二のステージは「自立」。成長するとはすなわち、徐々に自分の行動への責任が増すことであり、そのなかでさらに自立が進む。

第三ステージは「相互依存」。このステージにいる人は、行動に責任が取れるという意味で自立していながら、同時に目標達成のためには他者が必要だという理解を持っている。協力することの重要性に気づいているのだ。

「依存」から「自立」を経て「相互協力」に至るステージを経験するにあたって必要な七つの習慣を、コヴィーは次のように書いている。

1 主体性を発揮する

2 終わりを思い描くことから始める

3　最優先事項を優先する
4　自分も相手も勝つこと（Win-Win）を考える
5　先に相手の理解に徹し、それから相手に理解される
6　相乗効果を創り出す
7　刃を研ぐ

では、七つの習慣はどうすれば確立できるのか？

先ほど書いた「反復」である。

時間をかけて体系的に努力し、常に意識する。そのうち、頭で考えなくても自動操縦で行えるようになり、晴れて習慣化できる。**習慣になれば、労力も自己犠牲も感じない。**

毎朝着替える、道で会った知り合いに挨拶《あいさつ》をする、電話が鳴れば取る、夜ベッドに入る前に電気を消す、といった時と同じで、自然に身体が動くのである。

早起きはもちろん一例にすぎない。自分の変えたい習慣について、同じ手順でやってほしい。

◎そもそも「習慣」とは何かを誤解していないか？

習慣は、高い頻度での繰り返しによって確立される、しばしば無意識で行われる反復的な行動パターン、と定義できる。他人の習慣のなかでもいわゆる「悪癖」については、鼻をほじる、人の話をさえぎる、など具体的な例がすぐに浮かぶはずだ。

習慣の三つの特徴を挙げると次のようになる。

1　勝手に身体が動く
2　ひんぱんに繰り返す
3　繰り返している本人は、まったく、もしくは部分的にしか気づいていない

習慣は、本能ではなく記憶によるものだ。

私たちは生まれつき爪を噛《か》むようにはできていない。なんらかの理由により学習した

行動なのだ。「学習」であることがポイントだ。**学習によって身に着けたのであれば、それらの習慣を解除したり、新しいものに置き換えたりができるはずだ。**

三番目は、今後の重要課題につながる。習慣を意識することが、改善に大きな役割を果たすからだ。そのためには、すでに説明したように、周囲の人に協力を呼びかける（フィードバックをもらう）のが有効だ。

月曜日は、あなた自身の習慣を、よいものと悪いもの、すべて書き出してもらいたい。その前に、習慣について、心理学の研究データとメンタルトレーナーとしての私の見解からもう少し述べさせてもらうことにする。

私は習慣についての解説にいつも時間を割く。**毎日の小さな習慣を意識してわずかでも改善を続けることが、トータルで見て大きな違いを生む**のだと。

一流のスポーツ選手は、これを常に意識する必要がある。すでに卓越した立場にいるため、「小さな積み重ね」こそが大きな差を生み、ライバルに勝つためのパフォーマンスの向上に効果を発揮するのだ。

「習慣」と「細部へのこだわり」は、切っても切り離せない関係にある。習慣は変えることが難しいが、ゆっくりでも確実に変化すれば、その変化を新しい習慣として定着させることは可能だ。ヘル・ウィークを実践すれば、たった一週間でもそのプロセスを速めることができる。

◎NFL弱小チームを変えた「たった一つの習慣」とは？

チャールズ・ドゥヒッグ著『習慣の力』に、アメフトコーチのトニー・ダンジーの例が出てくる。NFLの他のコーチのアシスタントを一七年間勤めていた彼は、数年で四度、ヘッドコーチの職を目指して面接試験を受けたが、残念な結果に終わった。ダンジーのコーチング哲学がオーソドックスではなかったことが理由のひとつだった。

ダンジーは「チームが成功する道は、選手が習慣を変えることだと確信している」と主張した。選手には「何も考えずに動く」ことを望んだ。つまり行動の習慣化だ。選手に正しい習慣を与えれば、試合に勝てる。ダンジーはそう確信していた。

クラブのオーナーは、ダンジーがいかに新しい習慣を作るのかを知りたがった。しかしダンジーは、「一緒に新しい習慣を作り上げるのではなく、選手がすでに持っている習慣を変えるだけ」と返答した。

ここがドゥヒッグの本の核心である。

彼によると、すべての習慣は三ステップのループになっている。

「キュー」つまり合図が「ルーチン」つまり行動につながり、これが「報酬」という結果をもたらすのだ。ダンジーは、「悪い習慣」を完全に撲滅することはできないが、変えることはできると考えた。その過程で、古い「キュー」と古い「報酬」を存続させるが、真ん中にある「行動」を変化させるのだ。

これをドゥヒッグは「習慣を変える黄金則」と呼んでいる。**キューと報酬が変わらない限り、ほとんどの習慣は変えることができる**のだ。

ダンジーは一九九六年、ついにヘッドコーチの職を得た。当時NFLきっての弱小チームと言われたタンパベイ・バッカニアーズは、ダンジーの「習慣」を基盤にしたコーチング哲学のもとで、リーグのトップクラスに上り詰めた。ダンジーは今やアメリカ国内で最も尊敬されるコーチのひとりであり、その哲学は、多くのスポーツのコーチングの地盤として活用されている。

◎習慣は自分で決めるもの

「人間の後半生は、前半生に蓄積された習慣のみで成り立つ」

フョードル・ドストエフスキー

習慣を変えるために欠かせないのは、すでに持っている習慣を意識することだ。よい習慣も「悪癖」も、すべて洗い出す。朝食の内容や会議での態度といった、はっきりと目に見える習慣もあれば、自分への声掛け、心のつぶやき、不測の事態に対する反応といった内面的な習慣もある。たちまちよい習慣と悪い癖の両方が見つかるだろう。

ヘル・ウィークの目的は、それらを特定したうえで、よい習慣を強化すること、そし

て悪い癖をよりよい習慣へと置き換えることである。

習慣を特定して意識する。これが最初のステップだ。特定できた習慣を、良いものと悪いものに分類しよう。強化したい習慣はどれか？　断ち切りたい習慣は？

次のステップでは、新しい習慣を組み入れて反射的に行えるようになるまで訓練する——つまり習慣化を行う。考えずとも自然に身体が動き、望む望まないに関係なく行動できるように。毎朝、頑張らなくても歯を磨けるのと同じで、ただ行動に移せるように。

これは、いろいろな場面で応用がきく。

月曜日の朝一番に、最も手ごわい顧客に電話をかけ、嫌な仕事を終わらせるのを習慣化して、深く考えずに反射的に行うのも一例だ。この習慣がない人は、憂鬱《ゆううつ》な気分に一週間苦しみ、仕事を終わらせもしないまま、時間とエネルギーを大幅に無駄遣いしてしまうかもしれない。

紙とペンを取り出して、自分のよい習慣と悪い習慣を書き出そう。書けるだけ書いて、自分で思いつけなくなったら、**知人にたずね、さらに習慣が形作る「人柄」について意見をもらおう。**配偶者、子ども、友人、職場の同僚など、あなたの生活を構成する各エリアの最低でも一人から見解をもらうこと。典型的な一日を分刻みで思い返して「普段の自分のパターン」を考え、「それをよりよく変えるには？」と自問しよう。

リスト作りを終えた時点で、重大な「気づき」があるはずだ。余談だが、意見をくれた知人とケンカをしないこと。

同僚があなたのことを「準備不足で仕事の組み立てが甘く、会議の本題を理解せずに口をはさみ、人の意見に耳を貸さない」と意見したら、反論せずにうなずいてメモをすべきである。子どもたちに「いつも髪がぐちゃぐちゃで、学校の報告をしても聞くふりをしながらフェイスブックを見ている」と言われても同様に。配偶者から「食べるときに音を立てる、テーブルに肘をついている」と言われたら、受け入れて書き出そう！逆に、自分では気づかない意外な褒め言葉をもらえることもあるだろう。

◎ダントツに変わるシンプルな習慣リスト

参考までに、典型的な習慣の数々を例に挙げてみる。朝から晩までを網羅したので、イメージがつかめるはずだ。

・朝、よろめきながらシャワーに向かう？　鼻歌を歌いながらラジオをつける？
・歯磨きを適当にすませる？　フロスも使って念入りに磨く？
・シャツやブラウスを妥協で選ぶ？　きちんと丁寧《ていねい》にアイロンをかける？
・着る服は適当に選ぶ？　知性と品格を感じさせ動きやすい服を選ぶ？　その理由は？
・朝はむっつりして不機嫌な自分を許す？　始まったばかりの一日について前向きに話をし、楽しくわくわくした態度で朝の食卓につく？
・朝食を抜く？　身体にいいものだけを食べたり飲んだりする？
・周囲の人に手を貸す余裕がある？　少し距離を置いている？　朝から上機嫌で喜び

にあふれている？
・一日の計画を立てる？　流れに任せる？
・退屈を感じたときには、行動を起こす？
・周囲の人を観察して、状況をよくするために自分ができることを考える？
・率先して動くタイプ？　物事を寝かせておくタイプ？
・優先順位をつけるのが上手？
・必要なときに助けを求めることができる？
・集中力がある？
・子どもと接するときに「一〇〇パーセント」気持ちを注いでいる？
・眠るときに、どんなことが嬉しい？

◎習慣はこうすれば自然に変わってしまう

「習慣は人格へと変わる」

オヴィディウス（古代ローマの詩人）

ヘル・ウィークの目的のひとつは、「最善の習慣」を育むことだ。最善の習慣を首尾よく習得できれば、パフォーマンスの質が上がり、周囲からの評価が上がる。その結果「快感のファクター」を手に入れる回数が増えるのだ。

私は習慣の話をするたびに、自分の妹のことを思い出す。高校時代の私は、テストでいい点を取るためにしゃかりきに頑張り、点数は取れてもクラスで浮いてしまうガリ勉だった。妹はというと、毎日同じペースで手堅く勉強をしていた。時間はきっかり九時から四時までで、それ以上でも以下でもない。

好成績を取るだけではなく、常に予定を見直し、自分がこなした学習量とやり残した内容を確認する時間を取っていた。こうした積み重ねによって、中学校ではコンスタントに学内記録を更新し、高校とロースクールでは模範生となった。妹が、軽々とやってのけるように見えて腹が立ったが、思えば彼女の秘訣《ひけつ》は**よい習慣とルーチンワーク**だったのだ。

私は自他ともに認める「一生懸命」な人間だ。ほとんどの人は短期間なら夜を徹して頑張れるものだと思う。しかし常にそんな調子では、仕事の質と生活の両方に支障が出て、それが「悪い習慣」と化してしまう。

長期にわたって高いパフォーマンスを持続させたいなら、「いい習慣」を身に着けるべきだし、休息、回復、家族、人づきあいにも目を向けてほしい。これについては、最後の二日間である土曜日と日曜日のプログラムで詳しく触れる。

◎「こうあるべき」を捨てると、一気にあなたは伸びる

私のところに相談に来る**女性クライアントの多くは、「できる女性はこうあるべき」という思いに苦しんでいる。**すべてのことに完璧を求め、折り合いをつけることができない。これは**深刻な「悪い習慣」以外の何ものでもない。**仕事を引き受けすぎて断ることができないのだ。四六時中仕事のことを考えていたら、自分が疲弊するし、周囲の人を疲れさせてしまう。

こういう女性（男性も同様の人が多い）の問題点は**「オン・オフ」の切り替えのスイッ**

チを使わずに、常に同じモードで稼働していること。常にアクセルをふみ続け、満点でないことに罪悪感を抱く。「完璧にすべきこと」と「ほどほどでオーケーなこと」の見分けがつかないのだ。

私は「ほどほどでオーケー」という言葉が大好きだ。

仕事も私生活も、大半はこれで乗り切ればよいのである。**パフォーマンスに求められる「質」の見極めを学ぶ**べきなのだ。

「ほどほどでオーケー」なタスクを完璧に仕上げていたら、エネルギーを無駄づかいするだけではなく、周囲の人に負担を強制することにならないだろうか。優先順位を間違えて罪悪感を持っていないだろうか。余分な負荷をかけて努力しても、実際は誰も求めていないのなら、評価をもらえないし、職場に利益をもたらすこともないのだ。

「ほどほどでオーケー」なことを「完璧に仕上げる」のはよくないことだ。「悪いことです」と私はクライアントに言ってのける。**常に完璧を目指そうとするから仕事の質が上がらないんですよ**、と。すると、たいていのクライアントは、ハッとした顔をする。

いい仕事をしたいなら、優先順位を学ぶことだ。

同じことを一流アスリートにも話している。

「一日二四時間頑張ることが尊いという思い込みがあるなら、そんな自分を戒《いまし》めるべきだ、なぜなら、**あなたの最大のライバルは休息することで力を得ているから**だ」

この点を理解しない限り、決して一番にはなれない。十分に休息を取ることの重要性を認識するのもトレーニングの一部なのだ。全力で取り組むべきこととそれ以外を見分けて、優先順位をつけるべきなのだ。

習慣とは、反射的に取る行動パターンだ。緊張したり不安になったりしたときに頭をかくような動的な反応もあれば、見通しの悪い試練に出くわしたときの感じ方といった内面の反応もある。繰り返すが、**あらゆることを完璧にこなそうとするのは悪い習慣であり、優先順位をつけることは磨くべきよい習慣だ。**完璧にこなすタスクと、ほどほどでオーケーとするタスクを区別するのは大切なことだ。

◎たかがフィーリングとあなどるな

習慣は体の記憶によるものであり、反射的に、ほぼ無意識に行われる。では、どうすれば習慣を変えることができるのだろう?

習慣を変えるキーワードは「感情」である。「感情(フィーリング)」なんて、大の男が頼りにするには優しすぎる言葉だと思う人もいるかもしれない。しかしメンタルトレーナーの私に言わせれば、感情は極めて重要、人間に必要不可欠な要素である。

私が所属してきたタフな男性社会では、「感情」を口に出すことは「弱さ」をさらけだすことだと考えられてきた。

しかしこれは逆である。**気持ちを表に出すためには、本当は強さが必要だ。**自分の気持ちに気づき、利用することができれば、習慣を変えられるのみならず、人生の多くの面において素晴らしいツールを得たことになる。習慣には、自分の内面の望みが現れるものだ。次のようなことが反射的にできれば、どんなにいいだろう。

- 前向きな態度
- 自分の能力を信頼している
- まめである
- 友人や自分を大切にできる
- 子どもに自己評価を高め自信をつけさせるサポートをしている
- 独りよがりにならない
- フェアに戦う
- 本能の声に従える
- 目標や夢に向かって努力できる
- 共感力を高める
- スピーチでは大勢の観客の前でリラックスできる

こういった自分になるためには、私は、二つの方法があると思っている。ひとつめは、長い時間をかけて、少しずつだが着実に、自分の行動や状態を調整してゆくこと。二つめは、いっぺんに大きな変化を起こすことだ。

◎一四四〇分のうちの、たったの一分でいい！

先に後者を見てみよう。**人が自分を変えるきっかけとして最も多い（そして有効な）のは「きわめて悲痛な感情」だ。**

はるかに年下の後輩が先に昇進し、悔しくてつらい気持ちをばねに、仕事の結果を出そうと努力する。スピードの出し過ぎが原因の自動車事故で友人が亡くなり、そのショックから、スピードを落として運転するようになる。自分は大丈夫と思っていた人が、人生に衝撃を与える出来事を経験したことで、自分を変えるのだ。

階段で息切れをしている姿を同僚の女性に運動不足だとからかわれたことで、深く傷ついてエクササイズを始めるかもしれない。同じことを続けていては目標も夢も実現しない、と感情を揺さぶられる体験をした中年ビジネスマンは、意識改革に乗り出すかもしれない。

一方で、大半の人はひとつめの方法を採用せざるを得ないだろう。感情を激しく揺さぶられるような体験は、めったにないからだ。まずは、ちょっと立ち止まるだけでもいい。ひとりで座って自問しよう。「この生き方でいいのか？　今のままで続けていて、一年後、五年後、一〇年後、どうなっているだろう？」

長い道のりだが、**時間をかけて微調整を続けることで、確実に変わることができる。**

「早起きをして、夜は早く寝て、計画を立てる時間を取り、もっと運動をし、子どもとの時間を持ちたい」のが、あなたの目標だとしよう。

一分あればじゅうぶんだ！　一日一分。二四時間は一四四〇分。そのうちの**たった一分を変化のためにあきらめればよい**のである。

運動をしていない人は、一日一分から始めよう。一日一分で、腕立て伏せが何回できる？　階段を何段登れる？　一日の計画を立てていなかった人が、六〇秒でどこまで計画できる？

一分がスタートだ。一分の調整ができたら、次は二分。一か月後には三〇分を達成。二か月後には、一時間……その頃には目標に到達しているかもしれない。

「視覚化」のテクニック（五九頁）と、後で詳しく触れる「心のつぶやき」（一七四頁）を合わせて使えば、習慣を調整するのは難しいことではない。ヘル・ウィークを足掛かりにすれば、さらに早く前進できるだろう。

期間中には一分とは言わず、もっと多くの時間を費やしてもらいたい。

Tuesday

火曜日

心のコントロール

課題

心のモードとフォーカスについて理解する

一日のなかで臨機応変にモードを変えてみる

感謝すべきことにフォーカスする

効果

場面とほしい結果に合わせて「最適の自分」が使い分けられるようになる

二日目の目標は「自分の最適なモード」を見つけること。絶好調のとき、最適な休息が取れているとき、あなたはどんなモードに入っているだろうか。

モードとフォーカスを変化させると得られるものが大きい。その方法と、なぜ変化させるべきなのかを学習しよう。

「モード」とは、最適なパフォーマンスを行える精神状態のこと。前書（『ダントツ』）で「モード」の説明にページを割いたが、これはメンタルトレーニングにおいて重要なトピックである。

クライアントを観察して思うのは、少し意識するだけでモードとフォーカスを簡単に操作できるということ。「テンポ」にまで踏み込んでこだわれる人がほとんどだ。

一定のペース、パターン、精神状態だと、代り映えのしない毎日が続いてしまう。金曜日に少し浮足立つぐらいだ。準備不足の案件について、なんとかうまくいってくれと、自分の計画の悪さを棚《たな》に上げて願うハプニングも起きるかもしれない。しかし全体的には、同じことの繰り返しだ。

大半の人は、プロゴルファーなら「ご法度」とするやり方で日常を過ごしている――それは、**ショットに感情を左右されること**。今日は、その真逆を習得してもらう。**感情がショットを決める**のだ。

ゴルファーは、一打一打の行方にすべてがかかっている。嬉しい一打も、困った一打もある。並みのゴルファーは、その感情を次の一打に込めてしまう。ショットの質が感情を決定し、それが次のショットに影響を与える、という悪循環なのだ。

しかし、感情を最適のレベルまで引き上げておくほうが、はるかに賢いやり方だ。最適な精神状態で最適なショットを打てばよいのである。

ゴルフというスポーツは、他のスポーツや人生と同様に、精神的・心理的な面に大きく左右される。大切な瞬間に「どんな自分になれるか」に多くがかかっている。心の持ちようが、取り組む姿勢や態度を物語るのだ。

前もって「自分がなりたいモード」と「フォーカスの対象」を決めておくと、成功する確率がアップする。

◎感情を舵取りするのはあなた自身

ビジネスマンなら、次から次へと会議が入っている人が多いだろう。それぞれの会議の目的は違うはずだし、参加者に求められるものも違うはずだ。

にもかかわらず、多くの人はすべての会議を同列に考えている。すべての会議に同じ意識とエネルギーと期待を持って臨み、同じ態度で同じような応答をする。前もって、その会議で何が求められているか、どんな役割を担うべきか、どんな態度で臨むべきか、という予習をしていないのだ。下準備をしよう。ゴールはどこにある？　どんな駆け引きが必要？　どんな人のように振る舞うべき？　フォーカスせよ！

多くの人が失敗する理由の大きな部分を占めるのが、**状況によって要求されることが違うことへの意識があまりにも少ない**ことだ。

ノルウェーのクロスカントリースキー選手テレーセ・ヨーハウグは、長距離のスキーツアーに臨む前に、理想の「フォーカス」と「モード」を決めていなければ、試合では七〇パーセントの力しか出せないだろう、と語っている。心拍数が上がりすぎたり、飲む水の量が足りなかったり、テクニックに集中するのを忘れたり、といったことが起きる可能性が高いからだ。

同じことが、ビジネスの世界でも言える。会議に臨む前に自分の「役割」「モード」「フォーカス」（聞き役、積極的、前向き、熱心、流す、傍観、活動的、熱心、従順、強気、など）を設定していないと、得られるものは七〇パーセント止まりになる可能性が高い。

多くの人は、自然の流れでどうにかなることを願っている。「この会議が、講演が、営業ミーティングがうまく行きますように」とだけ願い、流れの大部分**を自分で決められる**という事実を忘れてしまっているのだ。

周到に準備をすることはもちろんだが、「自分をどう見せるか、どういう人物になるか」という意識を作っておくことが重要だ。**俳優の役作りと同じで、人物像は自分が作るこ**

とができる。

そして、役作りがうまいか下手かは、素人でも見分けがつくものだ。

◎モード――心を調節する方法

「モード」とは、先ほども書いたように、最適なパフォーマンスを行える精神状態のことだ。パフォーマンスに臨む前に、最適に行うためにはどんなモードに入ればよいかを、深く考えてほしい。

もちろん最適なモードはひとつではない。個人によってもパフォーマンスの種類によっても違う。その日の後に重要な会議が控えていて、今の会議がそれほど重要でないのなら、あたりさわりのない「モード」に入って発言を最小限にし、次の会議にエネルギーを取っておくべきだ。

忘れないでほしいのは、**一日のなかでモードを変化させるべきだ**ということ。**競争に強い人は、たいていこれが得意**である。

例を挙げよう。第二次世界大戦中、連合国が緊張感のある交渉を行う会議の場で、他の国の代表がバルコニーに出てそわそわと煙草を吸うなか、英国首相のウィンストン・チャーチルは、椅子に座ったまま目を閉じてリラックスしていたそうだ。一〇分後、他の人たちが煙草を吸い終わったころに目を覚ましたチャーチルは、交渉を続ける準備が整っていた。**他の人たちよりも「少しだけ」よい休憩が取れ、次の一時間に使うべきモードへの意識が「少しだけ」高かった。**

チャーチルに関する文献を読んで気づかされるのは、彼が、様々な会議や会議中の時間の経過のなかで、自分がどんな人格を出すべきかを極めて強く意識していたことだ。**前もって、「傍観者」「聞き役」「指導者」「強引に出る」など、自分の役割を決めておく。**オンとオフを使い分け、それをパターン化さえせずに、**常に考えて意識する**のである。

もう少し身近な例もある。メンタルトレーナーである私をオフィスに訪ねてきたクライアントが、ストレスで疲労困憊《こんぱい》していたら、私がまず取りかかるのは、ストレスを取り除くことだ。

クライアントが変な「モード」に入っていれば会話をしても多くを得られないし、緊張したまま座っていることになる。本題に入る前に、クライアントのモードを、セッションから最大限の効果を得られるような最適なモードに変えることに時間をかけるのだ。

クライアントが緊張していれば、まずは座ってもらう。リラックスして居心地のいい姿勢を探してもらい、横隔膜《おうかくまく》を使って呼吸。目を閉じる。椅子に深く腰掛ける。両足のかかとをしっかりと地面につける。両腕と肩の力を抜く。

私は「どんな香りがしますか？　何が聞こえますか？」と質問する。ただし、答えを口に出させずに、香りと音を感じることに集中してもらう。私も、このエクササイズをクライアントと一緒に行う。私には、外の通りの物音、港のカモメの鳴き声、同僚が廊下で騒ぐ声が聞こえてくる。クライアントの呼吸の音も。

しばらくしてから、クライアントに目を開けるようにうながし、「では始めましょうか」と伝える。これから行うパフォーマンスに効果的な「モード」「フォーカス」に入るための準備だ。

メンタルトレーナーである私とクライアントが相談やセッションを行う状況では、二人とも平静でリラックスしているのが最適な「モード」だ。さもなくば、話し合いから得られるものがはるかに少なくなるだろう。

あなたも、同様のエクササイズを試してほしい。完全に心静かにリラックスできる場所を思い出し、頭のなかで想像する。五感をフルに使って、その場所に意識を置く。三分から四分続ける。ふたたび目を開けたとき、見える世界がまるで変っているはずだ。この瞑想トレーニングについては、金曜日の章で再び触れる。

◎フォーカス――ほしい結果を選ぶ

「今手掛けている仕事に全神経を注ぎ込みなさい。太陽光線も、焦点が合わないと発火しないものだ」

グラハム・ベル（発明家）

一頭の虎が獲物を見つけた瞬間を想像してほしい。

身体の細胞という細胞のスイッチが入る。焦点が定まった揺るぎない瞳。真剣なまなざし。鋭く飢えた顔つき。身体は緊張感がみなぎると同時にネコのようなしなやかさで動く。わずかな動きのひとつひとつが計算されている。獲物を見すえてゆっくりと茂みを進む。頭を低くし、肩をひそめて、忍び足で。極度の集中力。五感すべてが研ぎ澄まされている。あらゆる感覚が、数メートル先の獲物に向けられている。

突然、動きがぴたりと止まる。完全な静止状態。ぴくりとも動かず、音も立てない。呼吸をする鼻先だけが、ミリ単位で動き、臭《にお》いを確かめる。まばたきはしない。相変わらず真剣なまなざし。襲い掛かるタイミングを待つ。そして、稲妻のような速さで力を爆発させ、スピーディに狙いをつけて、無防備な獲物の背中を数回襲う。重力にまかせて倒れこむ獲物の首にかみつき、鋭い歯を喉元にがっちりと食い込ませる。

これが「フォーカス」だ。**五感と極度の集中力が、ひとつのタスクに向けられた状態。「ゾーンに入る」**とも言う。普段の一週間で、こんな瞬間が何度経験できるだろう？たいていの人は、一度あればいいほうだ。しかしヘル・ウィークの間、とりわけ火曜日には、この「フォーカス」を何度も体験してもらいたい。

◎「ここ」を見直すだけでタスクは終わる

「やりすぎる人は、たいてい少ししかできていない」

イタリアのことわざ

タスクを「いつ」やるかを計画しよう。**一度にひとつだけを行い、邪魔が入らないように工夫して。**忙しいからと一度に複数をこなそうとするのはよくない。できる限り一度にひとつだけに取り組み、手元のことに極限まで「フォーカス」する。タスクを始める前に最適な「モード」を作り、超集中状態でパフォーマンスをするのだ。

「制限時間が五時間の試験を受けていて、最後の一時間に差し掛かった自分」という設定を想像してみよう。

幸いにも、これまでの準備と努力が報われ、すらすらと問題を解きながら、いい気分で席についているが、時間が残り少なくなってきた。申し分のない結果を出すには、細部の見直しも含めて最後の一時間を有効に使わなければならない。

欲しいのは最高点だ。

大切なのは、試験そのものではなく、高いレベルの自分になりきること、自分のゴールや夢の実現である。だから真剣に集中している。喉の渇《かわ》きも空腹も、隣の学生が机を指で叩いている音も気にならない。

これが「フォーカス」だ。今の瞬間に猛烈に心を注ぎ、最高の結果を生み出そうと精神がフル回転している。


これまであなたは、準備段階で、そんな「モード」と「フォーカス」を使っていただろうか？　試験の本番を想定しながら試験勉強に心血を注いだことは、何回ある？　能力があるのだから、意識さえすればできるのに。また、自分の「コンフォートゾーン」の外に出てまで準備に力を注いでいるだろうか。

重要なのは、一〇〇パーセントの力を「いつ」出すかを決断することだ。いったん決めたら、静かで落ち着ける場所を見つけて、パソコンや携帯電話などの邪魔を排除して取り組むべきだ。

試験本番さながらの集中力で取り組む時間をたびたび作ることができれば、あまった時間を、他の作業やタスクの質を上げる努力に充《あ》てることができる。**集中力を手に入れると、この上ない充実感が得られる。**しかし多くの人は、「モード」と「フォーカス」を活用できずに三〇パーセントの日々を送っている。一〇〇パーセントの高みに到達することは決してない。「常に気楽に構えるべき」という思い込みにとらわれすぎて、チャンスがそこにあるのに最小限のことしかやらないで的を外す人が多いのだ。

最高のモードで最大限の能力を発揮すれば、自分の利益になるだけではなく周囲のためにもなり、ひいては社会の役に立つ。

あなたがカフェで働いているとしよう。どれだけの努力を心掛けている？　コーヒーを入れる手際のよさは？　自分が扱うコーヒー豆についての知識は？　注文を受けてから一杯のコーヒーを出すまでの流れの詳細をどれほど把握している？　温める牛乳の最適の温度は？　世界一のバリスタは、あなたと何が違う？　細かい部分で修正できそうなことは？

外見も大切だ。エプロンは清潔でアイロンがかかっている？　客にコーヒーを渡すとき、カップの持ち方は？　客に何を、どんなふうに言う？　ボディランゲージは？　テーブルを片付けるときは、手際よくていねいに行っている？　店員を呼びたがっている客の合図に注意を払っている？　仕事仲間にきびきび働いてもらうために、できることは？　周囲の人に自分の感謝の気持ちを感じてもらうには？

多種多様なタスクに集中するとはそういうことだ。火曜日はこの訓練に集中しよう。

◎元大統領も使っていた「モード」の技術

ビル・クリントン元大統領は、会合などの場に入室するときの「雰囲気づくり」に長けたことで知られている。決め手は、挨拶する相手に「フォーカス」すること。**相手の目を見て、名前をしっかりと聞き取り、必ず名前を呼び、ひとつ質問をする。**その後もアイコンタクトを続けてから、次の人への挨拶に移るのだ。クリントンは、「他人への好奇心」という「モード」に自分を設定して、絶妙な質問をした。

たいていの人はモードが真逆である。**ほとんどの人は、挨拶をするときに自分のことを考えている。**何をしゃべろうか、握手はどうするか、話の長さは……。一方でクリントン氏は、**挨拶する相手にフォーカスすることで、その場にふたりきりでいるような特別な気分にさせる。**普段の接客にも使えそうなテクニックだ。

クリントン氏の多大な功績のなかで、「挨拶する相手へのフォーカス」というテクニックが持つ意味は微々たるものかもしれない。しかし私は、非常に大切な才能だと考えている。話しかける相手への鋭い「フォーカス」と好奇心という「モード」。加えて彼は、手元のタスクに集中するのが得意だったに違いない。

この例から私が思い出すのは、サンフランシスコに三か月間滞在していたときに出会った二人の人物だ。ひとりはゴールデンゲートブリッジの料金所で徴収員として働いていた女性。もうひとりは、立体駐車場でキーを預かり車の出入庫をしてくれる男性だ。

一〇年も経つのに、わずかな時間しか交流がなかった二人のことを覚えているのは、楽しそうでエネルギッシュな仕事ぶりに感心していたからだ。目の前の客に「フォーカス」し、笑顔で感謝をしてくれた。

二人とも、すぐに私の名前を覚え、笑顔でてきぱきと仕事をしながら、ジョークを言ったり楽しいコメントをくれたりした。料金所の女性からは、毎朝、シティセンターに行く途中に前向きなエネルギーをもらっていた。駐車場では係の男性に車のキーを渡すのが楽しみだった。他ではめったに得られない楽しい話題やユーモアを与えてくれるからだ。

この二人の共通点は、「フォーカス」する能力が、勤め先にも顧客にも自分自身にも益をもたらしていることだ。自分を進化させることで、すべての人が得をするのである。

大半の人がくじけて自分を可哀想に思い、周囲を責めてしまうだろう状況でも、何とかして可能性を見出し、ポジティブな面や感謝の対象を見つける人がいる。人生のポジティブな面にフォーカスできる人を、私は心から尊敬する。先ほどの二人もそうだが、仕事を通じて心からの感謝を伝えてくれた人の大半は、高ステイタスとは言えない職に就《つ》いている人だった。感謝する気持ちにステイタスは関係ないのだ。

どんな状況にいても感謝すべきことにフォーカスするのが、よりよく生きるためのヒントだ。ヘル・ウィーク中は、感謝についても考えてみよう。この火曜日に、誰にどんなことを感謝する？　感謝の気持ちを示すために今日何ができる？　誰にどんなことをする？

人生に明るい材料がごくわずかしかなくても、不満や愚痴《ぐち》や後悔の念にとらわれることなく、**感謝を表現できる人は、正しいフォーカスができている**。家族や自分の問題など、順風満帆《じゅんぷうまんぱん》とは言えない要素を抱えている人がほとんどだ。だからこそ、何にフォーカスするかが非常に重要なのだ。

感謝しよう。人生に、友人に、パートナーに、勇気に、冬の寒い日に差し込む暖かい日の光に、普段の生活で受けるサポートに。

感謝することもまた「快感のファクター」となる。感謝にフォーカスし、感謝を表し、口に出す。

かかるコストはゼロだ。

感謝を口に出し、感謝の意を示すことには、大きな価値がある。

◎一日に複数の「モード」を使い分けるコツ

火曜日に学ぶ最も重要なテクニックは、シチュエーションによって**「理想の姿」**を使い分けることだ。

今日一日は、様々な状況に応じた「最適なモード」を決めることを意識してほしい。

スポーツ選手にとってモード作りは重要課題である。

最高のパフォーマンスができるとき。自己ベスト記録を出したとき。試合で絶好調だったとき。最高の自分を出せたとき。

そんな**「絶好調のときの自分」**が、何を感じ、経験し、何に集中していたかを考える。

私たちが日々、様々な状況で「モード」を変えていることを意識しよう。会社で、店で、子どもの前で、友人の前で、私たちは様々な役割を演じている。本書のテクニックを活用すれば、最適な「モード」に入ることができる。

試合に勝てる人は、運が強いわけではない。メンタルトレーニングと視覚化、役づくりと自信を高める準備をしているのだ。

自分の思考は自分でコントロールできる。望みと思考を合致させる＝「正しく考える」ことができればよいのである。

落ち着いてリラックスしたいのなら、落ち着いてリラックスできることを考えよう。エネルギッシュになりたいなら、エネルギーがわくような言葉をつぶやく。

モードに入るためのもう一つのツールは、**身体の動かし方**である。自信を感じたいときは、過去に自信を感じたときを想像し、どんなポーズを取っていたかを思い出して、落ち着いてリラックスしながらそのポーズを取る。身体の記憶を使って気持ちをコントロロールし、望ましいモードに入るのだ。

いたってシンプルだが、この二つが最適なモード作りのテクニックであり、効果は絶大だ。

Wednesday

水曜日

時間管理

課題

一日の最適なスケジューリングを考え、実行する

効果

優先順位が高いタスクが確実に終わる

「時間が足りない」慢性ストレスを解消できる

週間スケジュールや長期スケジュールもうまく立てられるようになる

時間管理は、現代社会の悩みの種である。かつては、一日の中に確固たる区切りが存在した。勤務時間は、たとえ長くても必ず終わりがあり、オンからオフへの移行が明確だった。しかしテクノロジーの発達によって、その境界線はあいまいになるばかりだ。私たちは常に、スマートフォン、タブレット端末、パソコンなどの電子機器に縛られている。

ここに子どもが加わると、さらにスケジュールは過密になる。スポーツの練習や楽器の発表会や家庭教師や友達と遊ぶ約束など、今どきの子どもの幸せと成功に必要な用事をこなさなければならない。親は自分の予定を入れる余裕はない。パートナーと二人で過ごす時間はなく、友人には何か月も会えていない。お互いに、あまりにも忙しすぎて。

私が説明するまでもなく、現代社会の異常なほどの多忙さについては、あちこちで語られ、一定の理解がされている。**しかし、一般に言われている「時間が足りないのは、我々が暮らす現代社会の事実なのだから、慣れるしかない」という提案は、私に言わせれば負け犬根性的だ。**ヘル・ウィークの水曜日は、**「時間をあきらめることをやめる」**

ところから始めてみよう。

キャリアで成功を収めながら、穏やかな安らぎの時間を含めた人生の大切な要素を手に入れることは、まったくもって可能だ。

有能な最高経営者でありながらよき母でもいられる。最強のヘッジファンド・マネージャーでありながら、愛情にあふれ温厚で世話好きな父になれる。たとえ闘病中や休職中、試練の真っ最中であっても、日々を賢く生産的に過ごすことはできるのだ。

◎「そこそこうまくいっている」から更に上へ行くための時間術

確信を持ってそう言うのは、私自身がメンタルトレーナーとしてのカウンセリングを通じて、直接クライアントからこういった体験を聞いているからだ。大多数の人の例にたがわず、**クライアントたちの多くがそもそも時間管理は苦手だったと認めている。**その内容は様々だ。しょっちゅう遅刻をし、約束をすっぽかす。優先順位をつけられない。物忘れをする。主導権を失っている。

印象的なのは、クライアント全員が諦《あきら》めの境地にあったことだ。

「私はいつもボンヤリしているから」

「母も遅刻魔なので、遺伝なんです」

時間管理が下手な自分と付き合うしかない、と信じている。だからこそ、長期間の努力に耐えて、メンタルコーチングで目覚ましい成果を上げているケースが多いのだ。

私の推測だが、あなたは人生のいくつかの分野では非常にうまくやっているのではないか。

キャリアで成功している。素晴らしい子育てをしている。絶好調の体力を維持している。豊かな社交生活を楽しんでいる。しかしおそらく、人生のすべての分野では成功していない。不足はあるが仕方がないと受け入れている。それがメディアで報じられている現代社会の在り方なのだから、とあきらめているのだ。

「全てを手に入れるのは無理」

専門家もコラムニストもテレビのトークショーの司会者も、全員がそう言い張り、今の自分にあるものに満足することを勧めている。しかし、それはまったくのナンセンスだ。

今日からあなたは、私がそう言う理由を理解できるようになる。

◎一時停止ボタンを押す

平気で一時間を無駄にできる人は、人生の価値をわかっていない。

チャールズ・ダーウィン

メンタル・トレーナーなら完璧な時間管理ができるだろう、と思っている方のために、最近の私の日常についてお伝えしよう。

クライアントのカウンセリング、スタッフ会議、外装コンサルタントとのミーティング、出版の可能性がある版元と雑誌記者との面談など、忙しい勤務時間を過ごして帰宅。夕方の最後の電話で新しいクライアントと話をして、二日以内に次回のカウンセリングについての提案書を送ると約束したので、作成の時間を割り振ろうと、他の用事も思い出しながらパソコンのカレンダーを立ち上げると、親友に誕生日を祝う電話をかけるのを忘れていたことに気が付く。

最初のストレスの泡《あわ》が、水面下からぽこんと顔を出す。

次の瞬間、家のインターネット接続が以前より遅くなったことに気づく。

再びストレスの泡が浮かぶ。

ケーブル会社に電話をするのを忘れていたことに気づく。

ようやくカレンダーが立ち上がると、ここ二日は予定が完全に埋まっている。さらに泡が二つ。

夜に仕事を入れなければ。今週は残業をしないと約束したのに。そのとき妻が私を呼ぶ声が聞こえてきた。

「エリック、タンスを二階に運ぶのを手伝ってくれない？」

突如としてストレスの泡が沸騰《ふっとう》した。完全なるストレス状態だ。

「いいよ。わかった」

妻に返事をし、心の中で猛烈に自分に悪態をつく。

ストレス過多を感じつつも、幸いにも私は感情を抑える秘策を知っている。

「一時停止ボタン」を押すことだ。

このときも私はボタンを押した。深呼吸をして、やるべきことをすべて書き出した。ケーブル会社への電話から、タンスの移動まで、ありとあらゆることを。息子たちとの週末のプランや、会社の新規事業の戦略を練るといった、先々の予定も。ストレスで参っているときに、総合的な「ToDoリスト」を作るのは大仕事に感じるかもしれない。

しかし、一時停止ボタンを押して主導権を取り戻すことが、時間管理には欠かせない。たとえば、長距離のハイキング中に踵に水ぶくれができかかっているとしよう。足を止めてバックパックを下し、登山靴と靴下を脱ぐのは面倒だし、いら立ちを感じるかもしれない。しかし水ぶくれが大きくなったときの痛みと時間のロスに比べたら、それぐらいの手間はなんでもないことだ。

軍隊時代に、こんな表現をしょっちゅう耳にした。

「疑わしいときは疑いの余地がない」

これが適用されるのは、生と死を分けるような極限状態、たとえば空挺部隊のトレーニングだ。飛行機から飛び降りようというときに、パラシュートにわずかな裂け目や縫い目のほつれを見つけたら、あきらめて予備を使う。疑う余地がないのだ。

あなたには、ストレスに対して同じレベルの意識を持ってほしい。何が原因で、一個目のストレスの泡が水面に顔を出すかわからないからだ。

仕事をひとつ増やす、会合に出る、友人の頼みをきく、といった状況に疑念を持ったときは、ひとまず一時停止ボタンを押してみる。必ずしもタスクをこなし切れないわけではないときでも、書き出すというシンプルな作業で、自分のストレスレベルをチェックすることができるのだ。

◎積極的なプランニングが人生に効く

「一時停止ボタン」は時間管理に効果的な手段だが、人生全体をコントロールするというよりは、当座しのぎのテクニックだ。それを念頭に今日の本題に移ろう。スケジュール作り、つまり**プランニング**である。

通常の仕事をこなし、エクササイズを始めとするヘル・ウィークの義務を守りながら、一日で計画を立てる、というのは厳しい注文かもしれない。それでも、今日はプランニングに着手して計画の達人への道に足を踏み入れてほしい。計り知れないほどの報酬が得られるはずだ。

私自身は、プランニングの威力を強く信じている。根幹にあるのは軍隊時代のトレーニングだ。プランニングと準備に大きな価値が置かれていた。

こんな表現をご存じだろうか。

「やり方は三通り。正しい方法、間違った方法、軍隊の方法だ」

軍隊では、事前の計画と準備が徹底している。戦地に入る前に、あらゆる段取りを立て、装備の一つひとつを点検し、司令官から下っ端まで、全員の役割をおさらいする。

私は軍人時代にこの方法を受け入れ、メンタルトレーナーになった今は、教える方に回っている。

人生のすべての分野でさらなる成功を収めたいなら、成功をゴールに据《す》えた計画づく

りが絶対に欠かせない。なんとも基本的なアドバイスだが、これに困惑する人があまりにも多い。

運命は定めなのに計画する意味などあるのか、と疑問を呈する運命論者。

様々な障害に苦しみすぎて、運命は自分でコントロールできると信じられなくなった悲観論者。

計画の重要さを信じながらも、方法を知らない夢想家。

誰に対しても、私からのアドバイスは同じだ。計画を定期的に立て、「習慣化」して、人格の一部にまで昇華させること。

月曜日に学んだことを思い出してほしい。習慣が人格を形成するのだ。コツコツと計画を立てる習慣が身に着けば、計画の達人になれる。**いったん習慣化してしまえば、毎日のエクササイズを休むと気持ちが悪いのと同じで、計画を立てないと不快になる境地にたどり着くだろう。**

◎賢いプランニングは、まず長期計画、最後にデイリープラン

「計画書には意味がない。計画することがすべてだ」

アイゼンハワー

人生を山にたとえて、その前に立っている自分を想像しよう。立ちはだかる大きな山壁を目の当たりにすれば、規律正しく生きているという自負がある人でさえ、軽いめまいを覚えるのではないだろうか。

計画など立てたことがない人なら、とんでもない恐怖を感じるかもしれない。深呼吸をしてみよう。これから登る山は、思ったほど怖くない。

私が提案するプランニングの秘訣は、**初めに長期的な目標を定めて、段階的に現在に近づけてゆくこと**。クライアントには、プランニングを四つの区切り——年間、月間、週間、一日——に分けるよう指導している。今日から計画を立てよう。できる限り多くのことを組み込もう。

カレンダーを準備して数個の目標を書き入れるだけでも、大きな前進だ。予定表の形式について指定はない。デジタルが好きなクライアントはパソコンのカレンダーを使うし、〈ファイロファックス〉などのオーガナイザーを使う人もいれば、ルーズリーフを四つに区切るだけの人もいる。大切なのは、いつも手元に置いてしょっちゅう更新できるようにすることだ。

◎年間プラン

まずは一年間の長期計画から。目の前に広がる標高三万フィートの眺めに、実現したい大きな目標や計画済みのイベント、ウィッシュリストの一番目の願いを書き入れる。**大切なのは、年間プランに仕事とプライベート両方の目標を入れること。**

クライアントからの訴えで多いのは、家族や友人との時間が取れない、という不満だ。だから前もって、プライベートの目標をスケジュールに入れてしまうのだ。

パートナーとのパリ旅行を計画する。子どもとキャンプをする日程を空けておく。女友だちや男友だちだけで楽しむ週末を作る。スケジュール調整が必要だし、他の人の予定との兼ね合いがある場合もあるだろう。そこで「計画を書き出す」というシンプルな行為が、実現への近道になる。しかも、これからの一年は、大切な人間関係を軽視しているという罪悪感に悩まされずにすむのだ。

仕事の計画については、パート1のゴール設定のアドバイス（六五頁）を参考にしてほしい。できる限り具体的に、現実に即して、一二か月の枠の範囲で到達しうる内容にする。叶えたい夢は常に持っておくこと。

年間プランは、大きな野心を試すことができるスペースだ。ビジネスを立ち上げたい夢があるなら、書き入れよう。法律事務所のパートナーに昇格したいなら、年間の目標のひとつにしよう。年間プランは最低でも月に一度は見返すこと。最終目標を見失わないようにしながら、必要に応じていつでも修正を加えてほしい。

◎月間プラン

年間よりも視野を狭めながらも、完全に囲い込みモードに入らないこと。自分のカレンダーに縛られて、立てた予定は変更不可と思う必要はない。月間プランでは、計画や目的に即した動きをしつつ、ある程度の幅を持たせて大丈夫だ。

年間プランと同じく、自分が人生に価値を置いていることを注意深く見極めること。家族と濃密に過ごす時間が足りないと気づいたら、数週間前に是正しておく。体力が落ちているときは、パーソナルトレーナーやジムの時間を余分に入れる。恋愛中の人は、恋人に月間予定表を見せておくのがいいだろう。

月間プランには、計画を立てる時間を必ず取っておくこと。これは重要なので、必ず守ってほしい。私のクライアントには、第二週と第四週に二時間ずつ、予定を立てる時間を入れてもらっている。お勧めは、お気に入りのカフェや近所の図書館の静かな席など、場所を決めておくことだ。この二時間は、じっくりと内省し、人生を振り返り俯瞰で見る大切な機会だ。待ち遠しく思える習慣にしてほしい。

◎週間プラン

一週間の予定を立てるときも、長期目標を必ず念頭に置くこと。元クライアントの大手薬剤会社の役員は、カウンセリングの初期のころ、ビジネスの方向性について大局的な目標を話してくれた。私は彼に、週間予定表を見せてほしいと言った。すると彼がしぶしぶ開いてくれた手帳には、会議の予定が毎日びっしり入っており、総括的な戦略ビジョンは何ひとつ具現化されていなかった。

「これで目標に到達できると思いますか？　あなたの一日が無意味な会議で埋め尽くされているのに。社風の改革や、リーダーシップをぞんぶんに発揮するために充てる時間はどこにあるのですか？」

彼はプランニングの不備に気がついて、週間予定を立て直すべく、会議の依頼をキャンセルした。


週に一度、日曜日の夜か月曜日の朝に一五分を確保しよう。一五分間、自分の価値観とゴールを振り返り、一週間の予定が目的に沿っていることを確認する。その週は四回エクササイズを入れたければ、予定表に書いておく。上司や同僚や友人と重要な話をする必要があるなら、書いておく。子どもと過ごす時間が足りないと感じていれば、予定に入れておこう。

火曜日の「モード」と「フォーカス」を思い出してほしい。あるクライアントは、自分はだめな父親だという罪悪感が強かった。子どもといつ会っているのかと尋ねると、彼は、夕方はたいてい一緒にいると答えた。

「お言葉ですが、ほとんどの人より多いですよ」と私は言った。

さらに話を聞いているうちに、子どもと一緒にいるとき、ほとんど上の空だということが判明した。彼は、子どもにとって最高の父親になる時間をカレンダーに書き入れもせず、意識することもなかったのだ。

翌週、彼は子どもと過ごす午後の計画を立てて、映画と夕食に連れて行った。たった一度のその経験は、気もそぞろに一緒に過ごしているだけの一か月分よりもはるかに意義深い時間になったという。週間プランに予定を書き足すだけで、大きな変化が生まれたのだ。

◎デイリープラン

クライアントを見ていると、たいていの人は、年間、月間、週間プランまでは扱うことができる。**デイリープランを維持するのが最大の難関なのだ。**日々のプランニングを意識的に日課にすること。習慣化できればしめたものだ。

デイリープランは前日の夜にまとめるのがお勧めだ。ぐっすり眠れて、意識下で明日の準備が進むという効果がある。私はというと、**朝一番に一日のプランを書く**のが好きだ。オフィスに到着し、コーヒーマシンのスイッチを入れて、予定表を引っ張り出す。

一日の計画となると、融通をきかせる余裕はない。その意味では、「ToDo リスト」の機能を果たすと言ってよいだろう。夜、ベッドに入る前に翌日に完了させたいイベントや活動や作業について書き出そう。すべてをリストにしたら、優先順位をつける。**そして、朝一番は最も重要な仕事から手をつける。**重要な仕事を達成したことが自信になり、いい気分で一日を乗り切ることができるからだ。

一日の ToDo リストは現実的な長さにとどめておくこと。絶対に終わらない内容を詰め込んで「失敗」気分を味わいたくないだろう。一日で収まらないときは、週間プランに移せるタスクを探す。また、他の人に任せられるタスクについても検討しよう。人に委託することは、時間管理の秘策のひとつ。「ノー」と言える能力も同様だ。仕事が早く、管理能力に秀でているリーダーは、自分で扱える仕事量の上限を常に把握している。

最後にもうひとつ、時間を上手に使うコツは、**「ひとつのタスクを完了してから次に進む」**ことである。

私に言わせれば、**作業を平行して進めるマルチタスキングは、現代社会における最大の過ちのひとつだ。**

人間は、二つ以上のことを同時に考えることはできないからだ。ある程度の集中力をもって、同時に複数の作業を行うことは無理なのだ。戦場の真ん中でマルチタスクを試みれば、命に危険が及ぶ。一般社会であれば、命まで奪われはしないが、複数のタスクを手玉に取っているうちは、いつまでたっても効率的な時間管理はできない。潜在能力をフルに発揮するためには、「作業は一度にひとつ」が原則だ。

Thursday

木曜日

限界を一日で引き上げる

課題

二四時間眠らない

コンフォートゾーンから出る

効果

思っている以上に、自分にはポテンシャルがあるとわかる

恐れを克服し、メンタルが強化される

木曜日はヘル・ウィーク中で最も厳しい一日だ。この一日を終えたあなたは、自分の限界が思ったよりも高いところにあったと知るだろう。そして、コンフォートゾーンを出たときの気分を味わうだろう。後で振り返って、貴重な経験だったと思えるはずだ。

いたくない場所にい続ける。常に不快な環境で、とても耐えられないぐらい長い時間、したくないことをする。そのとき、あなたはどんな気分になるだろう？　この経験をした人は、大多数の人には決して見つけられない人生の極意を手に入れることができるはずだ。

軍隊バージョンのヘル・ウィークは、睡眠不足と食料不足に加えて、適温と情報と安全を奪われた状態で、危険に対処し恐れを克服し、エネルギーが抜けていく身体に負荷をかける、という厳しいものだ。

木曜日は、ここまではいかなくても、**できるだけ極限まで無理をする**努力をしてほしい。**重要なキーワードは「恐れ」だ**。恐れは、どこかしこにあるけれど最も非生産的な感情だ。誰にでも恐れはある。しかし、一部の人は、恐れの扱い方が他の人よりも上手だ。

スーザン・ジェファーズの著書『とにかくやってみよう――不安や迷いが自信と行動に変わる思考法』では、人を二種類のグループに分類している。恐れを消極的に、ときには嫌悪を持って反応するグループと、恐れに主導的かつ精力的に対処するグループだ。その差はどこにあるのか？　経験値の差。生まれ育ちの違い。それとも、これまでの人生で起きた出来事が影響を与えているのかもしれない。

スーザン・ジェファーズはこう記している。

「恐れ。私たちは人前で話すことを恐れる。自己主張を。決断を下すことを。親密になることを。転職することを。独りになることを。加齢を。運転を。愛する人を失うことを。関係を終わらせることを……（中略）恐れは、疫病のように人間社会にまん延している。人は始まりを恐れ、終わりを恐れる。変化を恐れ、現状維持を恐れる。成功を恐れ、失敗を恐れる。生きることを恐れ、死ぬことを恐れる」

私は、恐れとは一にも二にも習慣だと思っている。ヘル・ウィークは、この習慣に変化を与えるまたとないチャンスだ。恐れの感情に備えるべきなのだ。過酷なほどの困難を乗り越える勇気をかき集めるのだ。大きな報酬を手に入れるために。

木曜日は、人生にメリハリを持たせる重要性を学ぶ一日だ。手ごわく困難なタスクをやり遂げるにあたり、短期の目標をいくつも設定することの大切さも学習する。今日は**「どんなことにも終わりがあるから、この状態もいつかは終わる」**という思考が要求されるだろう。

金曜日の夜一〇時にベッドに入るときには、生まれて初めて経験するような至福の感情が待っているのだと考える。肉体的にも心理的にも厳しいが、恐れていたよりもはるかに上手に対処できたことに気づかされるはずだ。

木曜日の内容に入る前に、もう一冊本を紹介したい。著名な心理学者ロイ・バウマイスターとジョン・ティアニーの共著『WILLPOWER 意志力の科学』である。副題は「なぜ意志力が成功の秘訣なのか」。著者はこの主張に説得力のある解説をすると共に、成功を経験した人――幸福な家庭、素晴らしい友人、やりがいのある仕事、健康、経済力、好奇心を追求する自由を手に入れた人――の事例を分析している。

著者の結論は、これらの人々には共通する明確な特徴がいくつかあるということ。そのうち最も重要なのは、知性と自己コントロールだ。知性は鍛えたり高めたりすることが容易ではないが、自己コントロールは筋肉のように磨き鍛えることができる能力だと著者は書いている。

◎眠らない一日があなたに与える想像以上の変化

「今の自分でいる限り、なりたい姿にはなれないのです」

マックス・デプリー（アメリカの名経営者）

「ヘル・ウィーク」の木曜日が他の日と大きく違うのは、眠らないことだ。

時計が一周するまで起きていることになる。徹夜で仕事をし、金曜日も一日中仕事だ。大変そうだが、終わってみれば思ったよりも簡単だと思うはずだ。木曜日の仕事関連のタスクは金曜日の午前五時に終了する。そのあとは新しいタスクがあなたを待っている。

自分の限界を伸ばせることを知り、限界点を肌で感じて、無理をするつらさを味わう。

それが木曜日のタスクだ。

ノルウェー外務省に勤務する友人は元軍人で、長時間の激務をこなしている。しかし自分の限界を知っているため、いつ心をゆるめて体の声を聞くべきかを把握している。完璧に仕事をこなすために、休息の時間を取る。優秀なスポーツ選手さながらに、身体の声とシグナルに耳を傾けて、手遅れになって回復まで長時間が必要になる一歩手前で、直前に十分な休息を取っている。

木曜日は、自分の地図のなかで塗りつぶされていない未知の領域への探検だと考えてほしい。そこで何に出会うかはわからないが、準備万端で臨めば、後で快感のファクターを得ることができる。

ヘル・ウィークの木曜日のために、たっぷりと時間をかけて精神的な準備をしておくことをアドバイスしたい。パート1で紹介した視覚化はぜひ活用してほしいテクニックだ。

静かに座って想像してみよう。みんなが眠っている午前四時にひとりで起きていると、どんな気持ちになる？　そのときあなたは、何をしている？　どう対処している？　頑張るためにどんなテクニックを使っている？

◎コンフォートゾーンから飛び出す

メンタルトレーナーとして、私はクライアントの潜在能力を解放することに心を砕いている。ほとんどの人は、己の潜在能力をきちんと把握していない。自分が思っているよりもはるかに大きなことができるのに。

その最大の理由は、コンフォートゾーンの外に出るのを恐れていること。何らかの報いを恐れているのだが、たいていは何も起きない。少なくとも負の結果にはならないものだ。本来持っている潜在能力を見出したいなら、コンフォートゾーンを出るのが絶対条件だ。

「もう限界だ」と人は言う。しかし比べる基準はどこにある？　木曜日は、新しい比較基準を知ることになる。新しい基準を設定するのだ。これまでの「限界」の概念を覆す体験をすることになるだろう。

私は近年、スポーツ選手と二四時間続けてのセッションをすることがある。もちろんトレーニング計画を尊重し、大会前の調整に支障が出ないよう工夫をしたうえで行う。これが、**精神面の効果が極めて大きい**ことが多かった。

二四時間にわたって頑張り続け、激しく疲れては回復を繰り返し、精神的にも肉体的にも長時間の限界に挑む。これをやり抜けば、他のミッションなど公園を散歩するぐらい楽に感じられるだろう。短時間のトレーニングにおいてもやる気の質が向上し、プレッシャーを維持しやすくなる。トレーニングの合計時間は似たり寄ったりだ。しかし一番と二番を分けるのは質の高さなのだ。

ビジネスマンでも同じだ。プロジェクトで徹夜をした後に翌日も頑張り通すという経験をすれば、その後は一二時間労働が楽に感じられることだろう。

今日は厳しい一日になると覚悟してほしい。これまで育んできた快適な習慣をいったん断ち切ることになるからだ。エンジンのついた乗り物を使わないとか、歩かずに走るなど、自分に特別なルールを課してもよいだろう。

空挺部隊の訓練では、歩くことを禁じるというルールがあった。ノルデア銀行（ストックホルムに本拠を置く北欧有数の銀行）のマーケティング部門でヘル・ウィークを実践したときも同じルールを設け、移動のたびに全員が走るようにした。これが自然に従業員の士気を上げる結果になった。

木曜日の重要なポイントは、**今までの人生とはかけ離れた、できるだけ異質な一日にすることだ。**今まで時間がなくてできなかった仕事を、今晩いくつ片付けることができるだろうか。

つらくなってくると、判断力の多くを精神面が担うことになる。今こそ「正しく思考する」ことの真価が試されるときだ。

他の人があきらめたときにこそ、自分は全力で続ける。一番つらいときだからこそ、自分のベストを出す。そんなふうに思考できると、高いモチベーションが得られる。逆境に立たされていることを受け入れ、つらい気持ちを受け入れながら、「自分にはできることができている。この状況はうまく扱える」と思考できることが強みになる。

◎恐れの九割は存在しない

眠らないことに加えてもうひとつ、木曜日の課題がある。自分が苦手だと考えていること——つまり恐れていることにあえて取り組むことだ。

なぜ、人は似たり寄ったりなのか？　なぜ、ほぼ同じことをする人生を送っているのか？　ずばぬけた功績が憧れの的になるのはなぜか？　私が思うに、答えはひとつの単語に集約される。**「恐れ」**だ。

私たちは、**不快なものや未知のものを恐れ、失敗を怖がる**。だから、できる限りそういったことを避けようとする。挑戦から逃げ、安全な道を選ぶ。**その代償として、人間的な成長の機会を多く失う。**

アメリカ人メンタルトレーナーで講演家のアンソニー・ロビンズは、「痛み」と「喜び」という対となる表現を使いて、このふたつの感情を豊富に持つことによって変化と成長が生まれると主張している。

恐れは、もうひとつのキーワード「勇気」を用いることによって克服できる。勇気とは、自分の強さを結集させ、「避けたいけれどやるべきこと」を実行に移すことだ。臆病と勇気のどちらを選ぶかが、大きな差を生む。前者を選べば自己卑下が待っている。後者は快感のファクターに続く道だ。

価値のあるゴールにたどり着く前には、必ず、長く苦しい日々がある。木曜日には、極めて不快な思いをしよう。抵抗感と不快を味わいながらも、正しい道にいるのだと自分に言い聞かせる。正しい選択をしている、価値のあるゴールに向かっているのだと。

だから今日は、**自分が今までずっと恐れてきたことに向き合うのだ。**どんなことでもいい。好きな女性を映画に誘ってみる。苦手なパソコンのプレゼン用ソフトに挑戦する。何年も前にけんかをした友人と和解する……。

お勧めは、**日常の仕事のなかから恐れを探すことだ。**気の進まない会話を自分から持ち掛ける。会うのを先延ばしにしているクライアントに連絡する。想像しただけで動悸《どうき》がすることをやってみる。何事も恐れていたほど怖くないと、この木曜日にあなたは知る。

木曜日の課題を金曜日の午前五時に完了したら、熱いシャワーをゆっくりと浴びて、最後に冷水をかけて目を覚まそう。そして健康的な朝食を取る。朝のエクササイズをパスして夜に延期してもいい。

ただし、眠気が取れないならエクササイズを！　身体を動かすと目が覚める。

金曜日は普段通りに仕事をし、普段参加しているすべての活動に参加する。この金曜日と他の金曜日の唯一の違いは、前の晩に睡眠を取っていないことだけ。しっかりと目を開けて、すきを見つけて短く効果的な休息を取ろう。

Friday

金曜日

休息の技術

課題

定期的に良質な休息を取る大切さを知る

最も効果の高い休息法を知る

効果

能力不足でできないと思い込んでいたことが、休息不足のせいだったとわかる

短い時間で生産性が上がる

今日は休息と仕事についての解説のあと、えりすぐりの休息テクニックを紹介する。

休息は、力とエネルギーを貯め、充電して回復する時間だ。**休息を取ると、想像力が増し学習能力が上がる。**エネルギーがわき、全体像を見て先の予測を立てながら、効率的かつ気力じゅうぶんに物事を扱えるようになる。

休息の効果の程度には個人差があるが、私からの提案を一般的な良識として受け止めてもらえたら幸いだ。

メンタルトレーナーとして、クライアントとは「休息」の話題をよく扱う。休息を取りすぎる人は、自分が怠け者で無関心、やる気がない、と自己判断しがちだ。休息が少なすぎる人もいる。働きすぎて、時間を上手に振り分けることができないタイプだ。最近は休息など無理だという人もいる。仕事やトレーニングに打ち込みすぎて、じゅうぶんな時間の休息が取れずに、身体に必要な回復が得られないのだ。

休息を甘く見ている人が多いのが現状だ。

しかし成功する人は、たっぷりと時間を取って意識的に休んでいる。

世界で通用する一流の人は、休むのが得意なのだ。自己評価が高く、日々の舵取りが完璧で、あらゆることを完遂すると同時に、人間関係も環境との調和も良好。そんな「不可能」をやってのけることに生きがいを感じているようにすら見える。国際レベルの人の多くは、ストレスをためず、不平を言わず、日常生活がカオスになっていない。

我慢強い人は、長時間しっかりと働き続ける。何日も職場にこもり、極めてよい結果を出している。しかし、休息が足りないために失うものが多いのも、残念ながら事実だ。

いい仕事をするためには、**常に七〇パーセントの力で毎時間、毎日、毎週、ほぼ同じテンポで仕事をこなすのではなく、きちんと休んで、ピーク水準でのパフォーマンスの時間をひんぱんに作ること。**

オンとオフの切り替えを増やすのだ。夜はしっかりと眠り、日中の本番の合間に休息を取る。時には完全にスイッチをオフにして、回復してから一〇〇パーセントの力ですべてのシリンダーを発火させる。

◎同じ努力なら、休息の方法で差がつく

非常に頭のいい人でも、休息が上手な人はあまりいない。一定の期間の間にいかに充電して回復するかということを考えたり実践に移したりする意識が低いのだ。

あなたはどうだろう。**誰も点数を求めていないときに、無駄に最高点を出そうとしていないだろうか。**よき母として息子に安全と愛と自信を与えたい。内面の平安を見出し、バランスの取れた人生を送りたい。裕福になりたい。自分の価値観に沿ったゴールを探してほしい。今この内容を繰り返すのは、休息が、単に心地よいというだけではなく、人生のゴールに到達するのに欠かせない要素だからである。

休息を増やすと、人生のあらゆる領域でいい結果が期待できる。

ここで大切なのが、フォーカスと時間管理を意識して行うことだ。きちんと計画を立て、毎日、毎週、毎月、毎年のルーティンに組み込む。「意識」もまた、メンタルトレー

ニングのキーワードだ。**休息は意識して取り、人生の予定のなかに組み込むべきだ。**

では、どのように休息を取ればよいかを、一日、一週間、一か月、一年の単位で考えてみよう。

休暇の日数や一日の休憩時間や週末の休みの日数は、個人で調整すべきだが、私が感じているのは、せっかく長い休暇を取っても、自由な時間を満喫していない人が多いということだ。理由は、休みに価値を見出せるほど仕事に精を出していないから。しかも、仕事にがむしゃらになることの喜びを見失っている場合が多い。

あまりにも多くの人が、「そこそこ」の位置にいるのだ。人生はまずまずうまくいっていて、能力もそこそこ高く、仕事もそこそこできて、それなりの日数の休暇を取り、楽しんでいる、という人が。

目標のある人生には、アクセルを踏み込んだり、静けさと調和を求めたりという緩急が必要だ。一か月の間に、仕事だけに集中する一週間があり、残りの期間は他の価値や活動に力を入れてもいい。長期的視点と短期的視点を持ち、時間管理とモードとフォーカスを思い出す。ヘル・ウィーク中に、自分の限界を再発見してほしい。

期間中は、午後一〇時に就寝、朝五時に起床と時間を定めているが、休息の時間は活動の種類や量によっても変わる。一流のスポーツ選手なら、時には一〇時間以上の睡眠を取ることもありえる。ノルウェー首相時代のグロ・ハーレム・ブルントラントは、一日の体調を保つために一〇時間の睡眠を取っていたそうだ。

◎活動を切り替えるすごいメリット

「転換は休養に値する」

スティーヴン・キング（『アトランティスのこころ』より）

休養にも様々な形がある。前述のように、全く別の作業をして思考を切り替えるのも一種の休養だ。活動を切り替えると、思考も切り替わる。

たとえば、午前八時から始まり午後六時まで勤務している人は、帰宅するころには疲れているだろう。忙しすぎて、職場に心を置き去りにして自宅に戻っているかもしれない。しかし、それは間違いのもと。家の玄関をくぐったら、会社のことは考えない。家にいるのに仕事で頭が一杯で家にいる気がしない状態でいても、すべての人にとって何の利益にもならない。

自宅の玄関へと続く階段や、アパートメントのエレベーターでは、**仕事の考えを消してくれる魔法の階段／エレベーター**を上っていると考えよう。そうすることで、効率的に自分の「心の充電」を始めるのだ。自宅ではくつろいで回復するために、帰宅途中に携帯電話の電源を切り、最低一時間はスイッチを入れない。思考を切り替えることで、休息を取る。時間のない人にも簡単に実践できるテクニックだ。

家に帰ってからの一時間は、自分の思考と行動に一〇〇パーセント意識を集中すること。パートナーと過ごしてもよいし、子どもや友人との夕食を楽しんでもよい。**周囲の人に好奇心を持ち、気配りする役割に最善をつくそう。**

自宅へと続く階段やエレベーターで、あなたは魔法にかかる。意識がシフトし、エネルギーがわいてくる。自分に言い聞かせよう。私は絶好調だ。世界一の父親だ。最高の配偶者／パートナーだ。魔法の空間で、あなたは意識的に変わる。思考をコントロールする技を持っているから、それができるのだ。出勤するときも同じことをやり、再び帰宅したら一流の家庭人にシフトする。

その姿を思い浮かべる「視覚化」と「時間管理」を組み合わせると効果は倍増だ。バッテリーを充電しよう。**意識をシフトすることで一種の充電を行うのだ。**そうすることで、周囲の人も恩恵を得る。

休息には様々な種類があるが、**何か普段とは違うことをするだけでも、週末の休みや休暇旅行と同等の効果を得ることができる。**休息を取るという意図をもってまったく別のことをするだけでいい。勤務中に仕事内容を切り替えることでも同じ効果があるので活用してみよう。

◎瞑想——脳を休めるために外せない基本的方法

小休止して瞑想をするのも効果がある。**とりわけ睡眠時間が短いときにはお勧め**だ。金曜日は、一時間もしくは二時間ごとに瞑想してみよう。回数は自分で決めてよい。最近では、生産性を高めるために就労時間内に瞑想を取り入れている企業もあるほど、その効果は広く認知されている。

瞑想状態とは、眠っているのではなく**覚醒のレベルを下げること**だ。覚醒のレベルの一番上が「覚醒」、一番下が「熟睡」だ。

たとえばベッドに入るときは、疲れていて「眠るのが楽しみ」な気分で、リラックスして目盛りが下がる。その数分後に、突然ドアが風で締まり大きな音がして驚いて目を開く。再び目を閉じて、起こされる前に入ろうとしていた夢の国へと、うつらうつらと向かっていく。この、覚醒も熟睡もしていない、上と下の間の目盛りにあるのが、瞑想状態である。

私は初めて瞑想のレッスンを受けたときに「目盛り」を初めて意識した。なんとなくではなく、はっきりと理解して利用したほうが恩恵が大きいように思う。テクニックを覚えれば、覚醒のレベルを一定の目盛りに合わせて、そこより深く入らずに留まることも可能だからだ。

ビル・クリントン、クリント・イーストウッド、デヴィッド・リンチ、ジョージ・ルーカスを始めとするアメリカの多数の著名人が活用しており、フロイトとウィンストン・チャーチルは独自の瞑想法を、休息だけではなく睡眠の代わりに使っていたことが知られている。

レオナルド・ダ・ビンチは、生涯を通じて効果的な休息の取り方を様々に試し、精力的に制作活動を行っていたという。一五分から二〇分間目を閉じて休息しては仕事を再開する、というやり方で、数週間夜中過ぎまで働き続けた時期があったそうだ。

◎私がメダリストにも指導する2つの休憩法

あなたも今日は効率的に休息を取る練習をしてみよう。

私からは金曜日にすぐに試してもらえる二つのメソッドを紹介する。瞑想以外の手軽で効果の高い方法を知っておくべきだ。

これらのメソッドは、飛行機やバスの中、駐車した車の中、オフィス、自宅など、どこでも行うことができる。邪魔が入らない場所を探そう。

金曜日には、このどちらかを数時間に一度は行うこと。長さは五分から二〇分、長すぎても短かすぎてもいけない。エクササイズは、椅子に座ってリラックスして行う。ヘッドレストに頭をつけないこと。

1 「フロイトの鍵の束」

ゆったりと椅子に座る。

床に足の裏をつけ、両手は膝《ひざ》に軽く置く。目を閉じる。

鍵の束《たば》を片手で握る。落としたときに床に落ちる姿勢で持つこと。目を閉じて、三回深呼吸。鼻から吸い、口から出す。リラックスしている自分を感じる。筋肉の一つひとつが緩むのを感じる。顔と両肩もリラックスさせる。普通の呼吸に戻る。そのまま眠ろうとしてみる。身体の制御がきかないレベルまで意識が落ちると、鍵が床に落ちる。そこでエクササイズはおしまい。

鍵の束が床に落ちる音ではっと目が覚めたら、申し分ない小休止ができたということ。しっかり集中して効率的に仕事をこなすための準備ができた。

これは効果的に休息を取る**「パワーナップ（短い仮眠）」**と呼ばれるテクニック。数段階の睡眠レベルに急速に入ることができる。

2 「五感を休める深呼吸」

リラックスして椅子に座る。床に足の裏をしっかりとつける。両手を膝に軽く置く。目を閉じる。

深く息を吸って吐く、を三回繰り返す。

深呼吸の間、身体中の筋肉とすべてのパーツを意識して、すべてをゆるめる気持ちで。足にも意識を向け、靴下と靴の中の足の様子を想像して、完全にリラックスさせる。脚と太ももから力が抜けていることを確認し、もっとリラックスさせることができないかを試す。お尻、背骨も同様に。呼吸と共に、横隔膜が動く。首に意識を向ける。肩をあと一センチ下げることはできる？　あごの筋肉はゆるんでいる？　あらゆる筋肉をリラックスさせよう。

三回深呼吸する。

一分間、「聴覚」に強く集中する。何が聞こえる？　周囲にどんな音があるだろう？　複数の音を聞き分けられる？　自分の呼吸の音が聞こえる？　心臓の鼓動《こどう》は？　遠くの音は聞こえる？

一分間、「嗅覚《きゅうかく》」に強く集中する。今、近くでどんな匂いがする？　複数の匂いをかぎ分けられる？　自分の匂いをかげる？

一分間、「味覚」に強く集中する。一分間、口の中の味を探ってみる。最後に何を食べた？　その味は今も残っている？　舌の場所によって味が違う？

その後の三分から五分間は、「幸せだった体験」を思い出し、その状況を再現する。ずいぶん前、それとも最近のこと？　あなたはどこにいた？　何を見た？　何を聴いた？　その状況にできる限り浸る。何を感じた？　何に気づいた？　何をした？　どんなことを考えていた？

一分間、呼吸に集中する。鼻から入って気道を下り、肺へと深く入る息の流れを追う。吐く呼吸も同様に。入って出ていく息のプロセスを追うカメラを持っていると想像する。

二分から三分間、夢に描く人生を想像する。五感を駆使して、大きな目標を実現し、成功した自分を思い浮かべる。望みを手に入れたときの感覚を体験する。

最後に、一分間を真っ白になって過ごす。頭を空っぽにする。腕時計に目をやる。このエクササイズに二〇分近く使ったことに気が付くはずだ。

Saturday

土曜日

新しい思考力

課題

「心のつぶやき（インナーダイアローグ）」が強力なツールになることを知る

結果を出すための心のつぶやきを覚える

効果

本来備わっていた意志力が自然に目覚める

「正しい質問」を使って脳の力を引き出せるようになる

ヘル・ウィークの七分の五が終了した。ここ二日間は心身ともに極めて厳しかったが、最後の二日間は楽になる。嵐は過ぎたが、残り二日間もそれなりに手ごわく、真剣に取り組めば大きな見返りがあるはずだ。

土曜はいつも通りに午前五時に起床。質の良い七時間の睡眠を取って十分に休めただろうか。この土曜日は仕事をしよう。普段の平日通りの内容が望ましい。

木曜日は、自分を限界まで追い込む挑戦をした。睡眠を取らず、先延ばしにしていた用事をたくさん片付けた。今日は、ひと味違う挑戦に取り組んでみよう。

この土曜日は名付けて**「ハッピーデイ」**。極めてポジティブで積極的な思考を用いて、あらゆることに接する。状況や他人にもそうだが、何よりも先に、自分自身に対して実行しよう。

この日の狙いは、**あなたの思考が気分に多大な影響を及ぼす**ことを体感してもらうこと。

ご存じのように、**気分次第で行動は変化するものだ。**前向きな態度で行動すればするほど、正しい行いをすればするほど、自己強化が高まる。「いい気分」のときは、創造性が高まり、正しく行動でき、そのことが達成感や自己評価につながるのだ。まさに素晴らしい効果である。

自分への声掛け（自分を褒めること）を意識的に行い、正しく思考するトレーニングをすれば、気分を大幅にコントロールできるようになり、ひいては行動の舵取りができるようになるわけだ。

多くの人は、自分を卑下する傾向にある。今日はその真逆を行くのが課題だと思ってほしい。自分を褒める。これがなかなか難しいものだ。心のつぶやき、つまり頭の中にある言葉は、ある程度もともとプログラムされており、たいていの人は自己評価をするときにネガティブな言葉を使うからだ。

土曜日は、「ポジティブへの挑戦」である。

現実をシビアに見つめて心配するのではなく、自分を大げさにほめ、楽観的かつ前向きに評価する。あらゆる出来事を科学的、理論的に分析評価したがる超合理主義的な人にとっては、かなり手ごわい日になるだろう。

◎心はいつもつぶやいていて、それが人生を決めている

「悲観主義者はあらゆるチャンスのなかに困難を見出し、楽観主義者はあらゆる困難のなかにチャンスを見出す」

ウィンストン・チャーチル

人は絶えず考え事をしている。これにはいい面と悪い面がある。賢く建設的かつ解決重視に、前向きに適切に考えることもあれば、「間違った思考」に陥ることもある。もっと違った考え方をしていれば、利益のある結果を生み出せたのに……という経験は、あなたも数え切れないほど思い出せるかもしれない。

私たちの心の中には、絶え間なくわき出る泉のように、言葉、思考、文章が流れ続けている。意識的なものもあれば、無意識のものもある。その中間のものも。心のつぶやきとは、そういった、**誰もが日々起きてから夜眠るまで続けている絶え間ない自分との会話**である。

この心のつぶやきの一部をコントロールし、意識的に操縦できれば、劇的なパフォーマンスの改善が期待できる。幸福感が強まり、幸福を感じる頻度が上がる。そのためには、朝に目覚ましが鳴った時点から「意識的なつぶやき」を始めるべきだ。

◎使う言葉は自分で選べる、選んだ言葉で結果が変わる

たとえば、叶えたい夢があるとする。その挑戦は、困難で手ごわく、実現が不可能かもしれない。大きな恐怖をともなうので、多くの人は手を出しさえしない。あえて挑戦するとしたら、「失敗を恐れる感情」が行動に影響を与えるだろう。

失敗するかもしれない、と頭によぎったときは、「**どんな結果になっても、私は努力したことを心から誇りに思う**」とつぶやいてみよう。私も使うテクニックだ。

ポイントは、口に出す言葉は自分で選べると気づくことだ。

ほとんどの人が怖がって挑戦さえしない夢やゴールを目指したとき、**たとえ望んだ結果が出なくても、「うまくいかなかったけれど、最大の努力をしたことを誇りに思う」**

と感じることで、快感のファクターを経験することができる。

最も重要なのは、成功した瞬間だけではない。プロセスにも価値があるのだ。

ネガティブな思考がどうしても浮かんで来たら「大丈夫、うまくいく」とつぶやいてネガティブな思考を追い払う。私の場合、「何もかもがうまくいく」と繰り返し考えているうちに、あらゆる疑念が取り払われたと確信が持てるようになる。

これは一種の調教、プログラミングだ。そう言われると抵抗があるかもしれないが、考えてみてほしい。ポジティブで楽観的な態度で人生を渡ることが、トレーニングによって可能になるのだ。この癖づけをすることが、今日の課題である。

人間は考えたり回顧したりする生きものだ。他の動物とは違って、評価・分析し、論理的に正しく思考する能力がある。荒唐無稽《こうとうむけい》な想像もするし、創造力や直観力を使うことも、大局を見通すこともできる。過去を振り返ることも、今や未来に思いを馳せることもできる。学んだ情報を検索することもできる。様々な感情を持ち、関連性を理解することも。

自分を客観的に見つめ、人生を俯瞰する能力は、人間だけが持っている能力だ。他の動物は、心のつぶやきを持たず、他と比較した自分の状況を見つめたりしない。今この瞬間だけを生きている。

人は、複雑な思考にコントロールを加えることができる。流れに任せていれば、いつまでたっても潜在能力を引き出すことができない。「自分はだめだ・できない」という思考回路を選んでいると、結果のみならず自己評価にも悪影響が出てしまう。

◎「ひとりごと」が生死すら分ける

私が心のつぶやきの大切さを確信したのは、軍隊にいたころだ。メンタルトレーニングの成果が最初に現れるのは、過激な状況の場合が多い。**刻々と変わる状況で、どんなひとりごとをつぶやくかが、結果を決定づけることになった。**

飛行機の座席に座っているときと、パラシュートで飛び立とうとしているときでは明らかに緊迫の度合いに大きな差がある。パラシュートで飛び立つ緊張の瞬間に、こんなふうにつぶやくこともできる。

「私は怖い」

「緊張している」

「不具合があったらどうしよう」

「予備のパラシュートを時間内に開けなかったら」

「こんなに怖いのは人生で初めてだ」


しかし、対照的な内容をつぶやくことも可能だ。

「プレッシャーは朝飯前だ」

「訓練も準備も十分にしてきたから、必ずうまく行く」

「足と胃がピリピリするのは、アドレナリンのせいだ」

「手が汗ばんでいるのは、身体が準備をしている証拠だ。体温調節ができているのだ」

「脈拍が上がっているのは、戦いに備えるため。筋肉が酸素を欲している」

「緊張気味のほうがいい。そのほうが、意識が研《と》ぎ澄《す》まされて、頭がはっきりして集中できる」

「状況はコントロールできている。いくぞ！　いい気分だ」

これらの二種類の態度、心のつぶやきが、まったく違う「モード」を作り出すことはおわかりだろう。しかし、焦《あせ》りそうな状況で「正しく考える」のは手ごわいことだ。だから今日の課題が重要なのだ。正しい心のつぶやきによって、どう変わるかを体感して納得してもらいたい。

常に成長し続けたいのなら、心のつぶやきは、正しい方向に前進するための強力なツールになる。正しく考えると、正しく行動できるのだ。

◎心のつぶやきをコントロールするにも準備が大切

つぶやきたい言葉は、前もって考えておこう。何か恐れていることを行動に移す前に、つぶやきを練習しておくことをお勧めする。他の思考が紛《まぎ》れ込むすきを与えないように、正しい気分を生み出す思考を頭に叩き込んでおこう。

準備の段階で時間をかけてつぶやきフレーズを探そう。あなた自身が「変えたい」と思っている古い真理に始末をつけてくれるフレーズを。この土曜日の課題は、とんでもなくポジティブになることだ。

極めてポジティブに、楽観的に！

敵陣の至近距離で作業をする部隊の兵士と将校は全員、「ＰＯＷトレーニング」を受ける。ＰＯＷとは捕虜《ほりょ》（Prisoners of War）の意味。私は軍隊時代に合計八〇時間にわたり、このトレーニングを行った。これは推奨されるより多い時間だ。肉体的に厳しく、何より心理的にも厳しい訓練だからだ。

ＰＯＷトレーニングには、厳しい運動、戦闘訓練、生き残り訓練、選択の練習がある。できるだけリアルに訓練ができるように、通常は地下室に連れて行かれる。捕虜とはどんな状態になることか、どう対処すべきかについて学ぶのだ。

理論上の対処法を学習済みとはいえ、実践トレーニングは非常に勉強になった。訓練は厳しかったし、とりわけ二度目がつらかった。

軍隊は常に安全法規に従っており、捕虜役は有能なスタッフに守られてはいるものの、驚くほどに苦しく心地の悪い経験だった。もちろん、訓練はそうあるべきなのだ。実際に捕虜になれば、はるかに過酷な経験をするのだから。

このような状況では、心のつぶやきが極めて重要になる。捕虜に取られたという設定で訓練を行うわけだから、緊張と不安を感じ、恐怖さえ感じることになる。最初に受ける取り扱いが、予想よりも手荒いかもしれない。

そんなとき、決め手になるのが自分の思考だ。自分が選ぶ思考とフォーカスが、秘密兵器にも最大の敵にもなる。できる限り長い時間、精神力を強く保ちながら、こんなことを考える。

他の兵士はどうしているか。

そのうちどうにかなる。私は強い。すぐに終わる。

脱出できるかもしれない。その方法は。今は何時か。見張りは何人いるか。できる限り状況を読んでみよう。

尋問《じんもん》のときに言うべきこと、言わないべきことは何か。できる限りポジティブに考え、座学で学んだことを思い出そう。

それができなくなった途端に、たちまちすべてが崩壊する。ネガティブな思考が忍び込み、絶望的な状況を感じ取るやいなや、自分が哀れになり、これ以上耐えられない苦痛に意識が向く。その結果コントロールを失う。もはや状況をコントロールできずに、状況にコントロールされてしまう。意気消沈し、守りに入り、信念を失い、泣き言を言い始め、敵方が知りたいあらゆる情報を暴露してしまうだろう。

唯一の武器は、**自身の精神力と、正しく考える力**だ。特別な状況下では、これらが驚くほどの力を発揮する。

◎日常生活を変えるつぶやきとは

日常生活では、ここまで極限の状況に遭遇することはまずないので、精神力の効果が際立つことはほとんどない。しかし実際に効果はあるし、そこに気づくことが大切だ。もう一度言うが、**一番になれる人とそれ以外の人の違いは、気づかないほどささやかな**

細部へのこだわりの有無なのだ。

心のつぶやきは、習慣とも密接に関わりあっている。

- 朝起きて一番に考えることは？
- 最初につぶやくひとりごとは？
- 新しい一日の幕を開ける心のつぶやきは？
- 口に出す言葉を、きちんと選んでいるか？
- 「ああ、もう朝か。疲れてるのに。あと五分だけ寝てていい？」と言っていないか？
- 朝食の時の心のつぶやきは？
- 通勤途中は？
- 重要な会議の前に自分に何を言い聞かせる？
- 大勢の前でプレゼンテーション、スピーチをする前に、自分に言い聞かせることは？
- フォーカスを保つために何をつぶやく？
- 優位に立てない状況に気づいたときは？

・上司、パートナー、友人と難しい会話をする前には？
・新しいプロジェクトに乗り出す前は？
・五十キロのスキーレースに出場する前は？
・ミスをしたときは？
・食料品の買い出しをするために、スーパーマーケットにいるときは？
・就寝するべき時間が近づいて来たら？
・眠る前に何をつぶやく？
・自分のことをどう評価する？
・他人のことは？
・自分の目標、夢、ビジョンについて、何とつぶやく？
・人生の苦しい時期のさなかに、自分に何を言う？
・困難を感じているときに、自分にどんな声掛けをする？

多くの人は、否定的に考え、否定的な言葉や文章や疑問を中心に議論を進めてしまう。時にはそのような流れが必要な場合もあるし、正しいこともある。人生の困難な時期にいる人もいるだろう。

しかし、覚えていてほしい。**否定的でネガティブな気分でいる時期をいつまで継続するかは、他の誰でもない、あなたが決めていい**のだ。深い悲しみや極度な精神的打撃を経験しても、ずっとその状態を続けなさい、とは、誰も命令していない。己の感情は尊重すべきだ。同時に、感情は自分で操作できることも知ってほしいと思う。土曜日の課題の意図に気づいてもらうことで、多くの人が、つらい感情から早く抜け出せるようにと願っている。私自身、これまでの人生で様々な困難を経験してきた。大切な人を失い、いじめに遭《あ》い、戦争を体験し、交通事故に遭い、挫折《ざせつ》と孤独を味わい、成功できず、人から認めてもらえない時期が続いた。

もしもあなたが今、つらい状況にいるのなら、そこにとどまることは簡単だ。人間は変化を嫌うようにプログラムされているし、他からの期待に従おうと考えがちだ。たとえばあなたに不幸が起きた場合、たいていは親しい人や世間から長期間ふさぎ込むことを暗に期待されるものだ。そのことが、状況から脱出するのをますます難しくさせている。

しかし、あなたには選択肢がある。ある時期を超えたら、口に出す言葉を修正することで得られる効果を確認してみてほしい。

ポジティブで楽観的な言葉を自分にかけるか、自分を哀れむかは、あなたが選ぶことだ。

なって当然とばかりに自暴自棄になるか。気分を切り変えて、もう乗り越えた、前に進むときだ、と言うか。

意欲的な「心のつぶやき」を日々唱えるか。

一語一句に気を配り、頭の中の雑音を、自分を成長させるために意識的に唱えている言葉に変えられるか。

◎「願い」はかなわない、「準備したこと」はかなう

私は近年、多くのスポーツ選手と仕事をしてきたが、驚かされるのは、彼らが「願い」にあまりにも多くのことを託しているという事実だ。競技会の準備段階や本番直前に、「願う」という言葉を多用しているのだ。

「私はしっかり準備をし、できる限りの努力をした。世界大会で上等のパフォーマンスができることを願っている」

「大会本番のことはあまり考えていない。準備をしてきたのだから、おそらく大丈夫。少なくとも私はそう願っている」

「さまざまな状況に置かれるかもしれないけれど、今はそのことを深く考えない。うまく行くことを願う」

「現段階で準備が万全ではないけれど、うまく行ってメダルが獲れることを願います」

「願う」は試験前の学生やプレゼン前のビジネスマンにも、よく使われる言葉である。しかし、「願う」という言葉は、何かに信頼を寄せる期待表明であり、成功を一部外的な要因にゆだねていることでもある。**願うのは、確信や自信が持てないからだ。**準備段階で「願う」という単語を使うのは、準備不足で自信のない不確かな部分にも望みをつなぎたい、という意味にならないだろうか。

単語選びは上等な準備をする能力にも影響を与えるし、本番のモードにも影響を与える。「願う」ときには自動的に自問してほしい。願えばいいことなのか、それとももっと頑張らなければいけない警告なのかを。

「私は願わない。確信を持ちたい。確信を持つために、もっと練習して時間を費やして準備をする」と表現を変えてもいいだろう。

大会本番の直前は、「願う」という言葉を別の言葉に切り替えよう。

「私は完全にポジティブで確信し切っている。なぜなら……」

「あらゆるシステムがうまくいくとしか思えない。なぜなら……」

断言する言葉を追加することで、「願う」不確かさを追い払うのだ。

◎脳の力を引き出す「正しい質問」

人生のクオリティを決めるのは、「自分にどんな質問をするか」だと言っても過言ではない。フォーカスを充てる内容の答えが導き出され、それが何らかの感情を呼び起こすのだ。

この土曜日は、気分が上がる前向きな答えを導く質問をしよう。いい気分になり、やる気やアイデアがわいてくるような。

新しいプロジェクトを開始するとき**「大成功させるために私は何をすればいい？」と自問すると、脳が具体的な答えを探し始める。**質問次第で、全く違う答えが導き出され、全く違う感情が生まれる。

質問と答えを常に意識すると、状況によって正しく質問ができるようになる。正しいゴールに進むためには、正しく質問することが必須だ。質問そのものが、道を作る。

仕事の同僚や上司や恋人や義理の母親や運転中の人——周囲の人にイライラしている人は多い。すると、正しくない質問をしてしまう。たとえばこんなふうに。


「どうしてあんなことができるの？」

「よくもあんなことを言ったり考えたりできるものだわね？」

「なぜあんなことに首を突っ込むの？」

「私が嫌がるとわかっていて、彼はなぜあんなことをするんだ？」

あなたは自分に正しく質問できているだろうか？　たとえばこんなふうに。


「上手に対処するために、私にできることは？」

「状況を改善するために私にできることは？」

「この結果を招かないために、自分に何ができただろう？」

「これに悩まされるのを避けるために、何かできることはあるだろうか？」


先ほどの「心のつぶやき」の項で、悲しい状況に必要以上に長時間とらわれて嘆いている人が多すぎると書いた。そんな人は、こんな質問をしてしまう。


「なぜ私がこんな目に遭うの？」

「どうしてこんなに惨《みじ》めな気分に？」

「なぜ誰も私を好きになってくれない？」

「どうして人生は不公平なの？」

「なぜ私にはこれが管理できない？」

「なぜすべてが把握できない？」

「どうしてこんな経験に耐え忍ばなければならない？」


これらが導く答えはすべて、落ち込み続ける原因になるものばかりだ。

こんなときは、どうにかして違う質問を考えて、答えについて思いを巡《めぐ》らしてみよう。違う答えによって気分が変化するのを確認しよう。口調を変えてみるのもいい。


「この経験を生かすにはどうすればいい？」

「この経験に利益はあるか？　無理やりでも思いつけるか？」

「同じ経験をした人を、どうすれば助けてあげられる？」

「今、自分の態度を変えなかったら、一年後に自分の状況はどうなっている？」


自分にかける言葉があなたを形作ってゆくと考えよう。

この土曜日に体験したことは、すべてあなたの糧《かて》になり、あなたのために役立つだろう。自分の一日は自分のためのもの。普段からこのように考え、感じるべきなのだ。こんな自分で幸せだ、自分が自分であることに感謝している、と恥ずかしいぐらいに自分を褒めよう。

思考と言葉が人を形づくる。今日はこの実験に身を投じて、明日以降に感想やその後変化したことなどをチェックしてみよう。

Sunday

日曜日

再び、人生を俯瞰で見る

課題

プロジェクトの成功をおおいに祝う
準備段階で俯瞰したときと比べる

効果

ダントツに変わった自分を実感する
「めざす到達点」が新しく見える

一週間の最後の日は、出発点に立ち戻ることになる。開始前の準備段階においても最も重要だったテーマ、「人生を俯瞰で見る」ことだ。

この日曜日は、ゆっくり休むほかに、数分、一五分、それとも数時間、自分を見つめる神聖な時間を設けよう。人生を客観的に見つめたり考えたりする機会はそう多くはない。

一週間を振り返り、思いを巡らせてみよう。経験したことを分析し、準備段階でやったように、再び人生を俯瞰で見るのだ。七日目は早すぎる、あと数日か数週間後のほうが楽だと思うかもしれないが、あえてこの日曜日にしてほしいと思う。散歩に出かけるか、心を鎮《しず》められる静かな部屋に座って行おう。

この極めてポジティブなトレーニングを完遂できたことを祝福してもいいだろう。一日寝ていたい誘惑に駆られるかもしれないが、それはやめよう。自分の感情に向き合ってほしい。疲れているだろうか。終了できて嬉しいだろうか。いつもとは違う一週間を過ごした気持ちは？　自分に挑み、普段とは違う非凡な思考と行動を自分に許した一週間だった。自分を誇りに思い、達成感を胸に、自分や周囲の人に笑顔を振りまこう。

険しい道を歩き、坂道を重い足取りで登り、ようやく頂上に立った日曜日だ。

快感をたっぷりと味わおう。

芸術家、画家、スポーツ選手、夢にも思わなかったことを成し遂げた学生や子ども……尊敬に値する偉業を成し遂げた人の話を聴くほど刺激的なことはない。今日はあなたがそちらの立場になったのだから、ぜひ周囲の人に体験をシェアしてほしい。経験をシェアすればするほど、あなたの後に続こうという人が増えるだろう。他人に影響を与えたこと、他人の自己改革を助けたことが、自分自身にも快感をもたらすのだ。

ヘル・ウィークの日曜日にはお楽しみを用意しておくことになっていたのを覚えているだろうか？　首尾よく完遂できたら、もちろん自分を甘やかしてもいい。ようやく一息ついて楽しむことで、さらにポジティブな感情を得ることができる。

どんなご褒美《ほうび》を望むだろうか。ずっと前から欲しかったもの。自分で料理する御馳《ごち》走《そう》。きんきんに冷やしたビール。赤ワインとチョコレートケーキ。欲しいものは、自分が一番よくわかっているだろう。知り合いを巻き込んでもいいし、あなた一人の秘密の楽しみでもいい。

◎いまや、世界が違って見える

ヘル・ウィークの体験を通じて、あなたは突如として、**日々のささいな出来事が意味を持っている**ことに気づいたはずだ。普段なら見過ごしそうな小さなことを、いつもとは違うように味わい、見て、感じて、理解したことだろう。

私が北ノルウェーで演習を行っていたとき、荒々しい自然の中で強烈な体験をした。好天と太陽からの熱がどれほどありがたかったことか。小川が流れているのを発見したときは、雪を溶かして水筒に詰めずにすんで助かった。そんな体験をした後では、母の手料理が心からありがたく思え、次に実家に戻るのが楽しみになった。自分を待つ人がいる家に帰ること、私のために食事を作ってくれるありがたみが心に染《し》みた。

厳しい経験をした後は、**すでに知っていて、今までもわかっていたことが、新鮮に感じられる**はずだ。

新しい気づきの後は、たとえば、仕事から帰宅するときに、今からの時間は家のことに集中しようと決めるだけではなく、自分を待っていてくれる人への感謝を感じ、それを言葉で表現してみせるのはどうだろう。子どもの笑い声、優しい微笑み、寛大な賛辞、秋の日の初めての薄氷。**この日曜日は感謝できることを探し、自分が返礼できることはないか、考えてみよう。**

◎「パンケーキハウス」が天国に変わる

私が空挺部隊のサバイバル演習をした夜のことは、決して忘れられない。夜を徹して自分の陣地に戻る最中のことだ。私は士官学校の隊員のひとり（彼はその後特殊部隊の司令官に出世した）と並んで歩いていた。

彼はオスロにある「パンケーキハウス」の話をひっきりなしにしていた。私の家はオスロ市内ではないので、聞いたことがなかったし、その隊員のことも知らなかった。訓練の最終日が近づいていたので、私たちは便利で快適な文明生活が恋しくてしかたがなかった。

「パンケーキを注文するときにトッピングが選べるんだ。あらゆる種類のジャムやソースが置いてあるぞ」

私の大好物のチョコレートソースもあるという。ノルウェーの家庭ではパンケーキを巻いて食べるが、この店では巻かずに平らに皿に置くので丸いパンケーキに複数のトッピングを並べることができる。普通のパンケーキよりもずいぶん大きいらしかった。

一九九二年の秋の夜、真っ暗闇のなか、北極星を道しるべに歩きながら、彼は臨場感たっぷりに語り続けた。パンケーキは湯気がほかほかの状態で出てくること、ジャムに加えてアイスクリームもトッピングできること、アイスにはイチゴ味とチョコレート味があり、一スクープ二〇クローネ（約三〇〇円）の追加料金がかかること。のんびり食べているとあっという間にアイスが溶けること……。

当時の私たちは、食料といえば豚肉を数口程度と大量のベリー、木の根、松の葉を煮出したお茶だけで一週間近くを過ごしていたので、この「パンケーキハウス」の話を聞いた私の頭は甘い想像にぐるぐる回っていた。

私は一晩中、さっさと目的地に到着してパンケーキにかぶりつけたらどんなにいいだろう、ということばかりを考えていた。頭の中で、何度も注文を組み立てていた。焼きたてほかほかのパンケーキにイチゴジャムとイチゴ味のアイスを二スクープ、チョコレートソースと刻みナッツをふりかけ、ホイップクリームもつけようか。アイスが解ける前に食べきる自信がある。考えると口の中が唾液《だえき》でいっぱいになり、その夜はおかげで高いモチベーションを保つことができた。パンケーキを想像できる限り、冷たく湿った沼地も、空腹も、身体の疲労も、そんなに悪くないと思えた。懐かしい思い出だ。

◎祝うのも重要なタスク

今週は我慢したことがいろいろあるはずだ。食事以外で自分を甘やかしたいこともあるだろう。日曜日の午後は思い切り楽しんでほしい。そして重要なことは、今日という日を自分を祝福する日にすることだ。

この一週間を終え、たくさんの答えが見つかったことだろう。

その多くは、もともと自分の中にあったものだ。

劇的な選択をしたり、進路を変更したりということがなくても、自分のゴールを意識したあなたのなかに間違いなく、新しい思考、新しい習慣が生まれるはずだ。自分の夢を追いかけるのはあなたの仕事だ。人生は一度きりなのだから。

PART 3

新しい人生

A NEW LIFE

人は安全に向かって後退するか、
成長に向かって前進するかを選ぶことができる。
成長は繰り返し選ばなければならないし、
恐怖は何度も克服せねばならない。

エイブラハム・マズロー

1 新しいあなたはどういう感じ？

How Does It Feel?

「私は、成功に必要な特質として、忍耐強さほど重要なものはないと思っている。忍耐があれば、ほぼすべてのことを克服できる――自然さえも」

ジョン・D・ロックフェラー（実業家）

プログラムに従って一週間全力を出し切って取り組んだあなたは、心からの達成感を味わっていることだろう。私の場合は、軍隊のヘル・ウィーク後のご褒美は、実家の温かい食事と風呂だった。

あなたは家族や友人と美味しい外食を楽しんで、好きな番組の録画を立て続けに見るのかもしれない。月曜日の朝は、七時までぐっすり眠り（身体が睡眠を欲していて、仕事や家族が許す限り）、週の後半に友人と飲みに行くのもよさそうだ。私もたっぷりビールを飲んだものだ。

軍隊で過ごした八年間、ヘル・ウィークの教訓は常に自分の中に生き続けていたし、メンタルトレーナーになった今もそうだ。あなたもそうであってほしいと願っている。

この体験による自分の変化は、直後にはっきりとは感じ取れないかもしれない。半年後に連絡をくれて、新しい気づきがあり、その源はヘル・ウィークにあると報告してくれたクライアントもいる。

ヘル・ウィークとその背後にあるメソッドは、人間を総合的に成長させることを目的としている。心と体、論理と感情、心のつぶやきや外に発する言葉……アプローチする対象が多く、影響が多岐にわたるため、成果を一つひとつ確認することが難しいのだ。**しかし、この一週間に全力で取り組んだなら、あなたは必ず進化している。これからは、維持することが目標だ。**

心配しなくても、午前五時の目覚ましも無理な挑戦も、もう必要ない。ヘル・ウィークの数日後、数週間後、数か月後には、学んだ内容を定着させて勢いを維持するために、簡単な作業を行い、自分に質問をしてほしい。

ヘル・ウィーク後の期間を、

1　一——三か月後

2　三——六か月後

3　一年後

の三段階に分けた。このアプローチには一応の理屈があるが、絶対的な決まり事ではない。私の願いは、特別な一週間から得た収穫を人生に活かし続けてもらうことだ。少なくとも、次のヘル・ウィークに挑戦するまでの間、勢いを持続させてほしい。

2 自分の変化を知る——一〜三か月後

ヘル・ウィークに挑戦する前は、苦難ばかりの一週間を想像していただろうか。エクササイズの回数を増やす、木曜日に徹夜するといった、苦しい課題も確かにあるが、**意外と簡単にできて楽しい瞬間もあった**、と報告する人が大多数だ。

終わった直後は、体験中の楽しかった時間に意識を集中しよう。好意的な印象を固め、七日間にわたって築き上げた勢いを持続させるためだ。

通常どおりの生活に戻ってよいが、ただの逆戻りはいけない。ダイエットの本の読者にありがちな、五キロ痩せた後に八キロ増えてしまうようなリバウンドは避けたいものだ。先ほど書いたように、ヘル・ウィークは総合的なアプローチだ。心と体と頭はつながっている。三点が互いにサポートしあえば、リバウンドが防げるはずだ。

Notice the Changes

たとえば、以前は週に一五本だった営業の電話を、ヘル・ウィーク中に五〇本にまで増やしたなら、その二か月後に三〇本を維持できていれば大成功だ。ヘル・ウィーク後の二、三か月は、そういった目標を立ててほしい。

小さな改善の積み重ねが大きな変化を生み、さらに充実したよい人生へとつながる——これがメンタル・トレーニングの効果である。人格を形成するのは、日々の小さな決断だ。ヘル・ウィークから得たものを日常生活に適応するにあたって、このことをぜひ覚えておいてほしい。

◎よい習慣を定着させる手軽なアフターケア

習慣については、引き続き強い意識を持つこと。**二一日間続けると、よい行いを習慣づけ、悪い習慣を絶ち切ることができる、**という有名な説がある。ヘル・ウィーク直後の三週間は、新しい習慣を継続してほしい。そして、次の三週間も。

とりわけエクササイズに関しては、習慣化を意識すること。一週間に一〇セットまではいかなくても、少なくとも週五回は行おう。これまで定期的に運動をしていない人にとっても、週五回は妥当で現実的な目標だ。

規則正しい睡眠も、習慣化すべきことのひとつ。多くの人が、これをヘル・ウィークの大きな成果に挙げている。就寝前にほぼ毎晩お酒を飲んだりテレビを観たりする習慣がある人は、心と体の回復に必要な深い眠りを自ら妨害していることになる。健康な眠り方を守れば、生産力が目に見えて上昇するはずだ。

最後に、身なりの手入れと服装選びに、引き続き注意を配ること。「今の職業ではなく、なりたい職業にふさわしい服を着る」。毎朝、億万長者の気分で玄関を出よう。その爽快な気分を数週間先まで持続させてほしい。

◎プランニングは継続必須

ヘル・ウィーク直後の段階で気にかけてほしい重要なタスクが、**時間管理**だ。週間プランとデイリープランを作成するなかで、非効率な予定が特定できただろうか。**これからの数日、数週間は、プランニングの軌道修正に努めること。**効率的な時間管理の鍵になるのは「習慣化」だ。この時期、時間管理と習慣という二つの要素に同時に意識を向けてほしい。

毎日の「ToDoリスト」は続いているだろうか？　リストを朝の仕事前に作成して効率が上がらなかった人は、前日の夜に前倒しにすることを試してみよう。ToDoリストに書いた最難関のタスクを一番に片付けているだろうか？　難しい仕事を真っ先に終わらせることが、自信を生み、一日にはずみをつけることを思い出してほしい。

ヘル・ウィーク直後は、とりわけ**週間プラン**に目を光らせること。仕事とプライベートの両方において、週間プランに書かれた予定は、さらなる大きな目標につながっているだろうか。定期的なエクササイズ。家族との時間。

恋愛中の人は、デートの時間を忘れずに予定に入れる。愛していればシンクロするはず、と考えている人は、現実社会を知らない人だ。人生は忙しいのだから、大切なイベントの時間は前もって作っておくべきだ。

自己変革は継続的なプロセスだ。ヘル・ウィークはこのプロセスを加速させ、はずみをつけるためのメソッドであり、人生のあらゆる問題を魔法のように解消したり、一晩で成功したりすることを目的としていない。時間の経過と共に、経験が教訓となって現れるのが実感できるはずだ。

私が初めてヘル・ウィークに挑戦したのは一八歳のときだが、あれから二〇年以上経った今も、その経験が生きている。たとえ一日一五時間働くことになっても、疲れる心配はしない。経験上、もっと長く踏ん張れることを知っているからだ。

私自身、手ごわい同僚やクライアントとの面談の前には、最も厳しかった指導教官のことを思い出す。これがヘル・ウィークの活用法だ。

「最高に頑張ったときの自分の限界」を知ることで、その基準を生涯にわたって利用できるのだ。

3 新しい自分が「芯まで」なじむ――三～六か月後

Fixing New You

この時期になると、ヘル・ウィークで培《つちか》った最善の習慣のいくつかは、薄れているかもしれない。ヘル・ウィークは「訓練」いわばエクササイズなので、効果を定着させたいなら反復するしかない。**大多数の人は、ヘル・ウィークの経験を振り返ったり懐かしんだりできる境地に達していることだろう。**自分が何を感じ、何を学び、どう変わったかを深く考えるチャンスだ。ぶれを感じる人は、振り返ることで成功への道への微調整ができる。

ただし、思い出を美化しないように。それが原因で、せっかく身に着けた生産性の高いライフスタイルを恒久化できない人が多いのだ。

ヘル・ウィークを振り返るときは、**表面をなぞるのではなく、そのときの「感情」を思い出す**と、さらなる成長に役に立つ。完遂したときの勝利感だけではなく、疲労、不快感、ミッションを中止せざるを得なかったときの気持ちを味わい直すとよい。**負の感情を思い出すことで、教訓が生き続けるからだ。**達成した勝利感を大切に覚えているのなら、その陰で大変な思いをしたことも覚えているべきだ。

木曜日を振り返ってみよう。終日仕事をした後に夜を徹し、金曜日も一日効率的にしっかり働いた、あのときのつらさを思い出してほしい。最も不快だった瞬間に身を置いてみよう。身体のあちこちが悲鳴を上げて、もうやめてくれ、と叫んでいたときの苦痛を思い出そう。そして今度は、金曜日の夜にベッドに入ったときの深い充足感を味わおう。当時の感情を追体験することで、ヘル・ウィークに専念した当時の頑張りをよみがえらせることができる。苦労があるからこそ報酬が大きいのだ。

計画した通りを守った人は、あの不眠の一日から得るものが大きいはずだ。ズルをした人は、自分の限界を超えたという強い感情が得られず、ちょっと頑張った、ぐらいで終わってしまう。

限界を超えた実感がない人は、ヘル・ウィークに再挑戦することをお勧めする。少なくとも木・金のセクションだけは繰り返してほしい。

必要なのは、成功体験として振り返ることができる「自分の限界を超えた瞬間」だ。あのとき困難や不快さに負けずに仕事をやり切った、それだけの能力が自分の中に存在するのだ、という明確な事例を作ることだ。ヘル・ウィークの成功体験の鮮明な記憶が、その後の日々の繰り返しを成功させるのに役に立つ。

◎一生モノの効果を得るため、ここでもう一度プランニングが大事

適切なプラン作りが成功に欠かせない、というのは、誰でも知っている周知の事実だ。そしてヘル・ウィークを体験したあなたは、時間管理についてもっと深く理解していることだろう。

それなりに成功している人の大半は、効率的な時間管理を試みた経験があるはずだ。

しかし、ハイレベルな時間管理を活用し続けている人は少数派だ。

それなりの成功者からダントツの成功者へとステップアップするには、時間管理の意識を高めるべきだ。必要なら水曜日の「時間管理」を再読し、年間、月間、週間、一日のプランニングのテクニックを研究してほしい。

計画は、継続的に見直してこそ効果がある。長期計画がほこりをかぶった状態にならないように、しょっちゅう見返すこと。また、数週間分の予定を立てておきながら、予定の当日まで忘れているのもだめだ。常に心に留めて、準備をしておく。取りかかったら即座に完璧にこなせるように。

◎再びフィードバックをもらう

人は、徐々に起きる変化にはなかなか気づかないもの。自分で気づくことができないなら、周囲の人の観察眼を借りるのが良策だ。

他人にフィードバックをもらう前に、**まずは自分で自分の変化を観察しよう。**この本に出会った頃に比べて、自分はどう変化した？　ヘル・ウィークに挑戦して、何が変わった？　三か月が経過して、今の自分はどう変化した？　ヘル・ウィーク中に学んだことを続けて行けば、さらに三か月後はどうなっている？

これらの質問についてじっくりと考え、答えを書き出そう。

仕上がったら、一、二日後にふたたび同じことを繰り返す。ヘル・ウィークの学びをその後も実践できている人なら、この作業から大きな満足感を得ることができるはずだ。

これで、信頼できる友人や知人からフィードバックをもらう準備が整った。質問は自分で用意し、知人に自分の長所と弱点をたずね、もらった回答は尊重して感謝しよう。批判的な意見に怒ったり悩んだりしてはいけない。相手は、あなたに頼まれたから意見を述べているのだし、人は弱点を知らずに成長することはできない。

好評価から自信をもらうのもいいが、最も大切なのは、改善できる部分を探すことだ。すでに起こった変化を確認するのもいい。できればフィードバックを以前と同じ人に頼んで、ここ数か月でその人たちが観察した変化について教えてもらおう。

◎モードがいよいよ自分のものに

モードを変える練習を続けている人は、この数か月で落ち着きと自信を身に着けたことだろう。ヘル・ウィーク後の三—六か月後は、昔の自分が顔を出すことに悩まされる時期だ。昔の習慣ややり方にリバウンドしたくなるのだ。だらけたい、怠けたいという強い誘惑に駆られる。そんなときは、モードを上手に切り替えることで対処しよう。

モードの調節は、三—六か月後にリバウンドしている危険が最も高い。仕事モード、遊びモード、リラックスモード、という切り替えは、かんたんではないからだ。仕事が忙しいから、正しいモードに入っている時間がないからと言い訳をして、昔のやり方に退行してしまうのはたやすいことだ。しかし、どんなことも習慣化するのは大変なのだ。努力して続ければ、モードの調整は、呼吸と同じぐらい自然にできるようになる。また、モードを調整する際に利用できるのが**「深呼吸」**だ。

モードを切り替えるときは、深く呼吸をしよう。呼吸をコントロールすることは、もっともシンプルで簡単な、モードの改善方法だ。

うろたえたり慌《あわ》てたりしている状態から、落ち着いて主導権を握っている状態へと、呼吸と共に切り替える。**呼吸を意識することで、人生は偶然の連なりではなく、あなた自身が目的を持って生きているのだと思い出すことができる。**

主導権はあなたが握っている。呼吸を着実に行いながら、目の前のタスクを想像しよう。作業している自分、完了している自分、満足している自分を思い浮かべよう。

4　さあ、後はダントツの人生を生きよう――一年後

Now Just Go!

「次回はいつやればいいんですか?」

ヘル・ウィークの体験者からよく受ける質問だ。はっきりした正解はないものの、生活のたるみが感じられた時が、もう一度実践するのに適した時期だろう。

以前の悪習慣が戻ってきて、集中力に欠けるので、立て直しが必要。そんな時期は、私の経験上およそ一二か月後が多いので、基本的には年に一度のヘル・ウィークをお勧めしている。

しかし、これは決まりではなく目安にすぎない。あるクライアントは、ヘル・ウィークを毎年誕生日の直前に実践し、来たる一年に備えている。根深い健康問題を抱えているクライアントは、半年毎の実践が必要だと判断し、実行している。数多くのクライアントが、今のところは一度やればじゅうぶんと感じている。

初めてのヘル・ウィークからもうすぐ一年という時期に、私がお勧めするのは、二度目のヘル・ウィークを視野に入れつつ、人生をふたたび俯瞰で見ることだ。手始めに、ヘル・ウィーク中に書き始めた年間プランと自分で設定したゴールを見返してみる。

一年前に願っていた人生に、今のあなたはどれほど近づいているだろう？設定した目標のうち、到達できたものはいくつある？最近、現状に満足する自分に逆戻りしていないだろうか。

◎価値観は進化する

ヘル・ウィークの実践にあたって重要な作業のひとつが「自分の価値観を知る」ことだった。価値観は、生まれ育ちや政治的嗜好、所属する社会集団に基づいているため、絶対的なものではあるのだが、私は「価値観は進化する」と考えるようになった。ヘル・ウィークが人生に深い影響を与えてから一年が経った今、あなたが人生に価値を置いているものをもう一度見直してほしい。

そのプロセスとして、この一二か月を振り返ろう。

最も幸せを感じたのはどんなとき？

最も誇らしかった成果は？

そんな質問に答えることで、現時点であなたが最も重要視する価値観が見えてくる。

「偉大な仕事を成し遂げる唯一の道は、その仕事を愛すること」

これはスティーブ・ジョブズの言葉だが、核となる価値観は、自分が充実感や満足感を感じる物事の優れた判断基準になってくれることだろう。

◎心のつぶやきは、あなたのバロメーター

ヘル・ウィークの間は、心の声をしっかり聴いてポジティブな面に意識を向けるように指導した。

今も続けているだろうか？　それとも、日々のつぶやきにネガティブな声が戻ってき

ただろうか。

繰り返し述べてきたように、自分に強い確信がある人は、迷う人や悲観的な人に毎回勝利できる。ポジティブな心の状態が揺らぎ始めたときや、「エネルギー漏れ」が増えたと感じたときは、次回のヘル・ウィークを考える時期だ。

この一年を振り返ってみよう。プライベートと仕事の両方で、さらなる挑戦をしただろうか？　リスクへの耐性はアップしただろうか？　限界点を押し上げ、周囲の人にもそうするように勧めただろうか？

私の人生は、軍隊でヘル・ウィークをやり遂げて以来、進歩を続けている。もちろん挫折も低迷もあるし、多くの失敗を経験してきた。しかし毎回、さらに強くなって復活する。なぜなら、それができると知っているからだ。

私のライフワークは、多くの人に、最高の自分、つまり本当の自分を発見する手助けをすることだ。若かった私に「あなたはもっとはるか上を目指せる」と凄んだ指導教官の役目を、今度は自分が担うことになったのだ。もっと上を目指せ。もっと上に行け。

ゴールは人によって様々だ。オリンピックのメダル。大会のトロフィー。フォーチュン誌のトップ五百入り。子どもと質の高い時間を過ごす父親になること。

得られるものは様々だが、何にも代えがたい報酬は、**あなた自身の進化**だ。自分の力で人生を限界の先まで押し上げた経験が、真の充実感を与えてくれる。常に目標に集中し、はるか上を追及してほしい。

もしも手が緩み、足がすべりそうになったら、そのときは、常に待機しているヘル・ウィークが、あなたの力になる。

訳者あとがき

『HELL WEEK最速で「ダントツ」に変わる7日間レッスン』は、ノルウェーで高い評価を得ているメンタルコーチによるコーチングの内容が、一週間で集中的に実践できる本です。

著者エリック・ベルトランド・ラーセンは、これまでオリンピックの金メダリストを始めとするアスリートや企業エリートにコンサルティングを行い、結果を出してきた凄腕メンタルコーチであり、そのノウハウをまとめた一冊目の著書『ダントツになりたいなら、「たったひとつの確実な技術」を教えよう』はノルウェー国民の三〇人に一人が読んだという記録的ベストセラーになりました。

初めて彼の原稿を読ませてもらったとき、「こんなにすごい本があるなら、早くみんなに教えなければ」と、いてもたってもいられない気持ちになりました。一冊目の日本版が好評を博し、このたび「実践編」である本書を日本の読者の皆様にお届けすることができて、心から嬉しく思います。

『ダントツ』シリーズの魅力は、思い通りの人生を送りたい人、成功したい人、夢を叶えたい人にとって、本当に必要なこと「だけ」を、わかりやすく系統立てて紹介してあることです。大切なのは、自分の価値観を知り、日常生活で「正しい選択」を積み重ねること。そのために何をすればよいのかが、わかりやすく解説されています。

心のつぶやきも大切です。朝グズグズ起きるかわりに、「今日私が楽しみにしていることは何だろう?」とつぶやくと、脳が自動的にその答えを探し出すのです。

また、自分の価値観に見合った目標を立てることも大切です。前作のエピソードですが、起業を目指しているクライアントが、著者のカウンセリングを受けているうちに自分の価値観の最優先が「安心・安全」にあると気づいて軌道修正した、という話には、なるほど、と思いました。頑張っているのにうまくいかない……と感じている人は、一度「自分の価値観」を見直してみるのがよさそうです。

本書では、著者のメンタルトレーニングの内容をすべて網羅しつつ、要点項目を七つに分けて一週間に割り振り、月曜日から日曜日まで、今日何をすべきかを具体的に指示してあるため、アプローチがしやすくなっています。

パート1の「ダントツになる準備」でじっくりと自分と向き合い目標を定め、パート2の「実践！　七日間特別レッスン」で一週間の集中トレーニングを行う。パート3の「新しい人生」では、ヘル・ウィーク後の定期的な見直しのテクニックについて書かれていますので、自分の成長や環境の変化に合わせたトレーニングの継続が可能です。

著者自身の心に響くアドバイスと著名人の金言が随所に散りばめられていますので、ページをめくるごとに新しい発見があるはずです。

訳者である私自身は、この本に出会って以来、「自分の価値観を知り、目標を正しく立てる」「正しい選択を積み重ねる」を座右の銘《めい》にしています。仕事も家事も余暇も……と、やることが山積みになったときには「モードの切り替え」を活用します。水曜日の「時間管理」は前作には具体的に書かれていなかったアドバイスですが、「休暇を最初にスケジュールに組み込んでおく」「ストレスの予感がしたら一時停止」など、さっそく取り入れています。

本書の原題「HELL WEEK（地獄の一週間）」とは、著者がノルウェー士官学校時代に体験した、七日間連続で自分の限界に挑戦するトレーニングプログラムのこと。二四時間を野外で過ごし、限られた食料と睡眠時間で任務をこなし、極限までストレスのかかる状況下での判断力や行動力が試されるのです。「小さなミス」や「準備不足」が生死を分ける過酷な環境を経験したことが、著者の人生哲学の原点になっています。

その後著者は自動車事故の後遺症という逆境を乗り越えて、ビジネスマンを経てメンタルコーチの道へ。たちまち才能を発揮して、大勢のビジネスマンやアスリートを成功に導くという結果を出し続けているのは、彼のコーチングが、自身の様々な体験を糧にした、血のかよった誠心誠意の指導であるからだと思わずにはいられません。

メソッドの素晴らしさはもちろんのこと、著者の熱心な語り口と説得力のある親切丁寧な解説に、読んでいるだけで心を揺さぶられ、やる気をかきたてられるのも、彼の本の魅力です。精神論だけではなく、具体的な「技術（スキル）」をわかりやすく教えてくれるところも、他の本と一線を画す大きな特徴と言えるでしょう。

一週間の集中トレーニングでは、休暇を取ったり費用をかけたりは不要です。普段通りの日常を過ごしながら、健康管理を含むすべてのタスクを全力で行い、ヘル・ウィークの課題に日替わりで取り組む、という形で行います。一週間連続で「最高バージョンの自分を生きる」ことに集中するのです。

「最高の人生を生きたい」

そう思わない人など、いないでしょう。でも、そのための知識がある人はほんの一握り、実現できる人はわずか数パーセントです。この本は「数パーセントの人生」に導いてくれる最強のツールになることでしょう。自分の能力を最大限に引き出して、自分史上最高に幸せな人生を送りたいと思いませんか？

本書との出会いが、読んでくださった方にとって「運命の出会い」になりますように。そして、一週間の集中トレーニングが、記憶に残る「特別な一週間」になりますように、心からお祈りしております。

鹿田昌美

HELVETESUKA. 7 DAGER SOM FORANDRER LIVET DITT
by Erik Bertland Larssen

Japanese translation rights arranged with Stilton Literary Agency Norway,
through Japan UNI Agency, Inc.

HELL WEEK 最速で「ダントツ」に変わる7日間レッスン

2017年1月9日　第1刷発行

著　者　エリック・ベルトランド・ラーセン
訳　者　鹿田昌美

発行者　土井尚道
発行所　株式会社飛鳥新社
〒101-0003 東京都千代田区一ツ橋 2-4-3 光文恒産ビル
電話（営業）03-3263-7770（編集）03-3263-7773
http://www.asukashinsha.co.jp

ブックデザイン　遠藤陽一（株式会社デザインワークショップジン）

印刷・製本　中央精版印刷株式会社

ISBN 978-4-86410-530-9

編集担当　矢島和郎